中西文明的夾縫

改變台灣命運的起手式

黃光國 著

目錄

導讀

本書系題為《夾縫中的台灣》，內容共分三部。我撰寫本書的主要目的，是要提供一種「文化中國史觀」，為處於「中、西文明對抗」之夾縫中的台灣，找到一條可行的出路。職是之故，在這篇「導讀」中，首先我要談的是何謂「文化中國」，其「史觀」又是什麼。

羞辱的世紀

中國自從第一次鴉片戰爭（一八三九—一八四二）失敗之後，開始進入「百年羞辱」（century of humiliation）的時期，對於西方列強所發動的侵略戰爭，幾乎毫無抵抗能力。尤其是在一八九四年發生的甲午戰爭，清廷竟然敗於明治維新之後的日本，不得不簽訂《馬關條約》，把台灣和澎湖割讓給日本。

日本在經過一個世代的勵精圖強，不僅打敗中國，更在中國的領土上，發動「日俄戰爭」（一九〇四－一九〇五），打敗俄國，迫使俄羅斯帝國不得不將它在滿州的權益讓給日本，人為刀俎，我為魚肉，任憑宰割，使得中國知識分子信心全失。

一九一六年，袁世凱陰謀恢復帝制，通令全國尊孔讀經，激起了一波新「新文化運動」。到了一九一九年，第一次世界大戰結束，在巴黎召開的和平會議上，中國代表對日本妥協，把德國在山東的權益轉讓給日本。消息傳來，輿論大譁，北京學生立即上街頭抗議，新文化運動也迅速轉變為一場以「內除國賊，外抗強權」做為主要訴求的愛國運動。

袁世凱

在新文化運動期間，中國知識界其實已經處在一種文化危機的狀態中。在社會達爾文主義的前提之下，為了掃除政治和社會上的弊端，參與新文化運動的許多知識菁英企圖用「西方文化」來反對「傳統文化」。譬如「新文化運動」的主要領導人陳獨秀（一九一八）在他一篇著名的文章〈答佩劍青年〉中，便將中西文化對立起來，而徹底否定清末以來的「中體西用」論：「歐洲輸入之文化與吾華固有之文化，其根本性質極端相反」，「吾人倘以新輸入之歐化為是，則不得不以舊有之孔教為非；倘以舊有之禮教為非，則不得不以新輸入之歐化為是，新舊之間絕無調和兩存之餘地」。

「五四意識形態」

他們言行狂謬，破壞綱常。陳獨秀（一九一九）因而在《新青年》上發表了一篇〈本志罪案之答辯書〉，他說：「要擁護那賽先生，便不得不反對孔教、禮法、貞節、舊政治；要擁護那賽先生，便不得不反對舊藝術、舊宗教；要擁護那德先生，要擁護那賽先生，便不得不反對國粹和舊文學」，「我們現在認定：只有這兩位先生，可以救中國政治上、道德上、學術上、思想上一切的黑暗。」

他非常堅定地表示：「若因為擁護這兩位先生，一切政府的壓迫，社會的政策，就是斷頭流血，都不推辭」。這段出名的宣言，變成「新文化運動」的主題。

在當時的政治和社會氛圍之下，大多數青年將西方的「德先生」和「賽先生」當作新偶像頂禮膜拜，新文化運動愈演愈烈，「吃人的禮教」、「打倒孔家店」變成喧騰一時的口號。儘管新文化運動的主要領導人物並未全面否定傳統，新文化運動實際上卻演變成為「全盤反傳統主義」（林毓生，一九七二／一九八三）。

在救亡圖存的時代要求下，五四之後的中國知識

五四「新文化運動」

界普遍盛行著三種意識形態：社會達爾文主義、科學主義和反傳統主義。在國共內戰時期，親國民黨的知識分子主張學習英、美的議會政治；親共產黨的知識分子主張學習十月革命後的蘇聯。然而，他們對於這三種意識形態的堅持，卻沒有兩樣。

文化中國

抗日戰爭勝利後，國共之間立即爆發了慘烈的內戰。中共在一九四九年獲取政權，國內情勢底定之後，旋即發起「三反」、「五反」等一系列的社會改造運動，最後演變成「文化大革命」的十年浩劫。而李登輝在一九九四年掌握國民黨內的實權之後，不久即唆使一批所謂「自由派」的學者，啟動「教育改革」，徹底毀壞當年台灣作為「亞洲四小龍」之一的社會根基。

一九四五年，第二次世界大戰結束，在台灣各級學校任教的日籍教師都被遣返回國。對於台灣的歷史發展而言，民國三十八年（一九四九）是十分重要的一年。那一年，跟隨國民政府撤守到台灣的兩百萬人中，不僅包括六十萬大軍，而且還有一群當時全中國的文化菁英，這些人在各種因素的因緣際會之下，被歷史洪流陸陸續續送到了台灣，並迅速填補了日籍教師在各級學校所留下的真空。他們在十分艱困的情況下，在台灣社會中播下「文化中國」的種子。

在蔣經國主政的時代，跟隨國民政府播遷來台的文化菁英，像孫運璿、李國鼎、趙耀東、尹仲容等人，和台灣企業界的優秀人士，像王永慶、張榮發、高清愿等等，再加上台灣民眾的共同努力，不僅塑造出「四條小龍」的東亞經濟奇蹟，而且把台灣的民間社會塑造成一個「比中國更中國」的「文化中國」。

「去中國化」

「文化中國」（Cultural China）是哈佛大學教授杜維明在一九八〇年代提出的概念，原本是指離散於中國大陸之外的華人文化區。當時中國大陸在經歷「文化大革命」的劫難之後，剛開始走上「改革開放」之路，「文化中國」已經被摧殘殆盡，所以有此一說。

令人遺憾的是：李登輝在國民黨內當權之後，為了從根剷除國民黨的勢力，從一九九四年起開始借助李遠哲的「諾貝爾獎」光環，以中央研究院及台灣大學作為主要基地，發動一批所謂「自由派」的學者，啟動「四一〇教改」，叫出「廣設高中大學、消滅明星高中、打倒升學主義」等的民粹式口號，毫無章法地胡亂移植美式教育。

一九九四的教改，可以說是台灣由盛轉衰的關鍵。翌年我即出版《民粹亡台論》，批評李登輝搞的「黑金政治」，根本不是什麼「民主」，而是一種「民粹主義」。

陳水扁執政之後，又全力推動「去中國化」，在台灣搞出了一種沒有「品管」的教育，經過一個世代的荼毒，不僅塑造出一個看不到願景的「缺德」世代，而且將技職教育摧毀殆盡。二〇〇三年，我聯合學術界的同道，組成「重建教育連線」，發表「教改萬言書」，並出版《教改錯在哪裡？》，對「四一〇教改」造成的後遺症，提出全面性的批判。

儒家思想的完成與開展

從今天的角度來看，五四時期被新知識份子尊為「洋菩薩」的「賽先生」，其實只是一種「科學主義」（scientism）而已；當時的「新青年」是用一種自己並不了解的口號（科學），在摧毀一個不可能被徹底消滅的傳統（文化），結果是演變成「文化大革命」的民粹式悲劇。

台灣的一九九四教改亦可以作如是觀。當時所謂的「自由派」知識份子，其實是用「現代化」的口號，盲目推動一種「全盤美化」的教育，以達成自己的政治目的。結果「一九九四教改」成為台灣「由盛轉衰」的轉折點，整個台灣社會也陷入「內耗」的「民主困境」。

基於這樣的觀點，過去幾十年在推動「社會科學本土化」的過程中，我始終堅持以西方的科學哲學作為基礎，建構「含攝文化的理論」，來說清楚自己的文化傳統。最近我綜合過去歷年的研究成果，出版了一本《內聖與外王：儒家思想的完成與開展》，書中主張：中華文化傳統是一種追求「內在超越」的科學哲學，必須借助西方的科學哲學，建構客觀的理論，才能夠說清楚它所主張的「關係論」和「心性論」。因此科學哲學，可以說是儒家思想完成第三次現代化所必須要的「外王之道」。

儒家主張的「關係論」和「心性論」建構成客觀理論之後，它才可能獲得進一步的開展。在《致中和：儒家「修養論」的科學詮釋》一書中，我便以我所建構的理論作為基礎，說明朱熹當年編注《四書》所要彰顯的一貫之道。

在「心性論」方面，我所建構的理論是「自我」與「自性」的心性動力模型。從這個理論來看，要了解一個人，不僅要知道他當前所面對的問題情境（意識），而且要知道他過去的生命經驗（個人潛意識），以及他的文化背景（集體潛意識）。因此本書採取「心理史學」的觀點，分析歷史上的重要人物。

兩岸共構文化中國

在文化分析方面，我採取「分析二元論」（analytic dualism）的主張，堅持必須在概念上將文化、社會和個人做必要的區分，一層層地加以分析，以免犯上「混接的謬誤」（fallacy of conflation）。

近期劍橋大學出版社幫我出版了一本小書，總結我對社會科學本土化的基本主張，題為《含攝文化的理論：一種知識論的策略》（Hwang，二〇一九），書中指出：我建構理論的第一步，是主張「建構實在論」（constructive realism），不是獨派主張的「建構主義」（constructivism）。從這個角度看來，「文化中國史觀」的建構，必須要以歷史事實作為基礎；而獨派人士主張的「同心圓史觀」，將台灣歷史在時間上限縮為五百年，在空間上與大陸切割，這樣的史觀是為了政治目的，刻意扭曲歷史事實，誤導下一代。

我不認為兩岸有「立即統一」或「立即獨立」的條件。然而我認為「兩岸和平、互利共生」是所有中國人的共同期望。台灣的主政者必須表示出足夠的善意與誠意，在「一中兩憲」的現實條件上，跟對岸展開談判，先討論如何「兩岸共構文化中國」，等到雙方「心靈契合」，再思孜如何和平統一。這是我提倡「文化中國史觀」的最主要目的。

本書題為《夾縫中的台灣》，其目的在於從「心理史學」的宏觀角度，說明台灣為什麼會陷入今天「內耗」的兩難困境，試圖找出跳脫這種困境的方法。

本書內容分為三部曲，第一部題為《中西文明的夾縫》，從世界史的宏觀角度，說明「文化中國」在世界史的地位，以及西方殖民帝國主義興起之後，中國為何衰敗，致使台灣陷入「夾縫」之中。第二部《台灣自我殖民的困境》述說台灣「被殖民」的歷史，並分析在日本帝國主義的侵略下，中國人如何陷入「自我殖民」的困境。第三部《自我殖民的辯證》則分析當前台灣知識份子「自我殖民」的心態。

黃光國
文化中國研究中心

第一篇

風起雲湧・世界局勢丕變

第一章　夾縫中台灣的處境

第一節　文明的對抗

二〇一九年四月三十日，美國國務院政策計劃部主任史金納（Kiron Skinner），在華府「美國未來安全論壇」公開表示：「中美之間的貿易對抗，是一場不同文明之間的戰爭，不但是文明不同，意識形態也不同。」

「X計畫」

史金納女士是哈佛大學出身的黑人學者。她說，一九四七年其部門的前輩喬治‧

甘南（George Kennan）在《外交季刊》上發表不具名的長文，為美國二戰後圍堵政策定調。她說她的團隊正在發展一項美中關係的新論述，稱為「X計畫」。

史金納說：「中國形成了一種獨特的挑戰，因為北京政權不是西方哲學與歷史的產物。」「這是我們第一次遭遇到非白人霸權的對手。」「我們認為它已經是根本性的長期威脅。」「在中國，我們有一個經濟上的對手，我們也有意識形態的對手，這是過去幾十年我們大多沒有料到的全球性問題……我想我們必須拿下玫瑰色的眼鏡，看清楚威脅的性質。」

她認為：那就是「文明的衝突」。「以人權論述對付中國，可能不像對付前蘇聯那般好用。人權的原則迫使專制的蘇聯打開大門以致崩潰，但這一套對中國不管用。」在她看來，「貿易戰不是唯一的問題，而且可能也不是跟中國最大的問題」，「我們對中國應該看得更深更廣。我想美國應當領先對中國提出『X計劃』，就如（冷戰時期）當年甘南所做的那樣。我們必須要有底層的論述，來支撐我們的政策。」

「文明的衝突」的美國戰略

史金納的演講立刻使人想到美國歷史學者杭廷頓（Samuel R. Huntington）早期的名著《文明衝突與世界秩序的重建》，他認為：二十一世紀後，世界將面臨基督教、伊斯蘭、中華三大文明的衝突。他認為：對西方而言，這種結構性的衝突是一場你死我活的「修昔底德斯陷阱」，是不可能善罷的歷史宿命。因此，做為西方基督教文明捍衛者的美國，必須維持可以同時壓制另外兩個文明的優勢武力，同時盡力防治另外兩個文明的聯盟。只有如此，西方世界的安全和利益才是紮實的。

在史金納演講之前，二〇一八年十月四日，美國副總統潘斯（Mike Pence）已經在華盛頓智庫（Hudson Institute）發表過有關中國政策的長篇演講，充分表達

《文明衝突與世界秩序的重建》

美國對中國的長程戰略、執行意志與手段，要求中國國家必須接受包括自然資源、生產力、市場與建設發展方向等，概屬於不得危害美國利益的「世界新秩序」（World New Order）。這等於是要求中國「退返改革開放初階」，因此東西方媒體大多視之為美國對中國發動新冷戰的「鐵幕演說」，或「討伐中國檄文」。史金納所謂的「X計畫」，只不過是其進一步的具體落實而已。

「一國兩制」台灣方案

二〇一九年元月初，中共國家主席習近平在「告台灣同胞書」發表四十周年紀念會上，提出了著名的「習五點」：

1、攜手推動民主復興，實現和平統一目標。

2、探索「兩制」台灣方案，豐富和平統一實踐。

3、堅持一個中國原則，維護和平統一前景。

4、深化兩岸融合發展，夯實和平統一基礎。

5、實現同胞心靈契合，增進和平統一認同。

北京大學台灣研究院院長李義虎曾經由人民出版社出版過一本專著《「一國兩制」台灣模式》，該書第一、二兩章先分別說明「一國兩制」台灣模式和香港、澳門模式的不同；第六章「一國兩制」的理論容量，很仔細地介紹了大陸學者王貞威提出「中華聯合共和國」（United Republic of China）的構想；第五章「非一國兩制」統一模式，則分別介紹了我所主張的「一中兩憲」和張亞中教授的「一中三憲」，對於「一國兩制台灣方案」的各種可能性作了非常理性的探討。

從這本書的內容，我們可以看出：大陸涉台部門對於「一國兩制」台灣模式曾經下過非常細緻的功夫，台灣方面則僅有少數幾個人看過這本書。

一國兩憲

一國兩制台灣模式

台灣的抉擇

元月初，習近平在「告台灣同胞書」四十周年談話中，提出了「探索一國兩制台灣方案」的建議，蔡英文利用一般民眾對於這個名詞的茫然無知，立即高調拒絕，一方面要求「台灣所有政黨」都應清楚說出「我們拒絕一國兩制」，也不要再講「九二共識」；一方面自稱「辣台妹」，努力在網路上扮演「網紅」，爭取更多年輕選民的支持。

大陸涉台部門應該早就看透：台灣政治人物為了爭取選票，不惜一切代價扭曲事實的「民粹」作風，所以「習五點」才會希望跳過執政黨，直接跟台灣的「各政黨、各界別」共同探討「一國兩制台灣方案」。蔡英文的回應是：政治協商必須「以政府對政府的模式進行，否則沒有人、沒有團體有權力進行協商」，企圖堵死理性討論此一問題的空間。

蔡政府不接受「九二共識」，又不願意讓人民了解「一國兩制台灣方案」的真義，這分明要把台灣帶到「戰爭邊緣」，來換取選民對她的支持。果不其然，習五點公佈後，「辣台妹」像是「撿到槍」；香港「反送中」事件愈演愈烈，她更像是「撿到砲」，喜不自勝地宣布將用兩千五百億的預算，向美國購買戰鬥機。

更清楚地說，在「中、美文明對抗」的格局下，蔡英文已經下定決心；不惜任何代價，要跟美國站在同一邊。二〇一九年十月一日，中共在「建國七十週年國慶大閱兵」時，特別展出「可以打到美國華盛頓的東風41型飛彈」，「可以擊沉任何航空母艦的東風17型飛彈」，以及一系列的無人飛機。

看到這樣的對抗場面，許多人會問：在這種「文明對抗」的格局下，台灣的抉擇是正確的嗎？除此之外，台灣還可能有哪些抉擇？

此處不對這個複雜的問題，提供一個簡單的答案。相反的，本書要從世界文明發展史的宏觀角度，提出「文化中國史觀」，說明台灣為什麼會走到今天這種「夾縫」中的處境，希望大家一起思考：台灣該如何走出自己的未來？

第二節　儒家文化的起源

德國哲學家雅斯培（Karl Jaspers，一八八三—一九六九）於一九四九年出版了《歷史的起源與目標》（*The Origin and Goal of History*）一書，提出了「軸樞時代」（Axial Age）的哲學發展理論，認為當前世界上主要宗教背後的哲學，都是在西元前八世紀到前二世紀的六百年之間發展出來的。在那段期間，不論是西方、印度及中國，都湧現了許多革命性的思想家，造成這三個地區文化的蓬勃發展。在那個「軸樞時代」，西方文化的代表人物是「希臘三哲」：蘇格拉底、柏拉圖、亞里士多德；印度文明對應的是釋迦牟尼；而中國的聖人是孔子、孟子、老子、莊子等人。耶穌基督的誕生，則是西元紀年的開始。雅斯培因此將佛陀（西元前五六〇—四八〇）、孔子（西元前五五一—四七九）、蘇格拉底（西元前四六九—三九九）和耶穌四人並稱為「四大聖哲」（paradigmatic individuals），他們分別在世界上四個不同地區，開啟出四種完整而且獨立的文明。

孔子的家世

在這「四大聖哲」裡，儒家文明的代表人物是孔子。孔子的先祖微子是殷紂王的庶兄。周武王伐紂克殷時，微子持其祭器，造於軍門，「肉袒面縛，左牽羊，右把茅，膝行而前以告」《史記・宋微子世家》，周公乃命微子代殷後，封之於宋。後來宋國發生戰亂，孔氏子木金父被迫去宋投魯，成為魯國人。木金父之孫任魯國臧孫氏采地防邑之宰，故稱孔防叔。防叔之孫叔梁紇，即孔子之父，孔武有力，作戰勇猛，曾替魯襄公兩次對外作戰，建立戰功，而名聞諸侯。他「與顏氏女野合，而生孔子」。

孔子三歲時，父叔梁紇死，故孔子幼時隨母親生活。顏氏以禮殯為專業，所以他自小好設祭祀禮容。由禮知識而通達社會知識，再加上他好學不倦，到處拜師求知，故能精通六藝、六經，後來乾脆開設「私學」，吸引眾多弟子向他學習。

孔子聖蹟圖

孔子五十一歲時，曾經擔任魯國中都宰，二年後升為司空，並攝朝事，隨定公會齊侯於峽谷，齊侯歸還汶上三田之地。

「前仕三月及齊平，後仕三月及鄭平，務以德安近而綏遠。當此之時，魯無敵國之難，鄰境之患。強臣變節而忠順，故季桓隳其都城。大國畏義而合好」〈鹽鐵論〉。

孔子相魯，政績斐然。因此引來齊國的忌恨。齊景公刻意饋女樂予魯，「季桓子受之，三月不朝」，孔子因此辭離相職，五十五歲開始周遊列國。

周遊列國，晚而喜易

五十七歲，孔子將適陳，過匡，匡人以其貌似陽虎，困之五日。五十九歲，到曹國、宋國訪問，宋司馬桓魋要殺孔子，孔子微服去之。適鄭，與弟子散失，鄭人諷之曰：「如喪家之犬」。七月，魯國大夫季桓子卒，遺命其子季康子曰：「我死汝必相魯，相魯必召孔子。」季康子立，乃重用冉有，並召孔子自衛返魯。

魯哀公四年，孔子六十歲，自陳過蔡，在蔡國三年，孔子六十三歲，楚王使人聘孔子，欲重用之。路出陳蔡，陳蔡大夫相與謀，圍以兵，拒孔子入楚。子貢到楚求救，楚昭王以師迎孔子。楚昭王將使孔子執政，封以魯社七百里地。令尹子西諫止，終不用孔子。

孔子六十四歲，自楚返衛。吳王夫差要求與魯會盟，季康子不知如何應付，遣人要求孔子使子貢往，孔子許之。子貢一出，存魯，破齊，破吳，強晉，霸越，「十年之中，五國各有變。」

孔子六十八歲，齊伐魯，侵魯邦，冉有掛帥，與齊戰於郎，大敗齊軍。哀公十一年冬，魯君以重幣迎孔子返魯，賜享退休大夫待遇，予以養老。他開始整理詩、書、禮、樂等教材，自謂：「吾自衛返魯，然後樂正，雅頌各得其所。」《論語・子罕》。

七十歲寫「春秋」，九個月完成。而後寫「易傳文言」，《史記》〈孔子世家〉記載：「孔子晚而喜易，序、彖、繫、象、說卦、文言」，直到七十三歲去世。

一九七三年十月湖南長沙馬王堆漢墓出土的文物中，有手抄帛書《易傳》全文，其中有一段重要記錄：「夫子老而好易，居則在席，行則在囊。有古之遺言焉，予非安其用，而樂其辭。後世之士，疑丘者或以易乎？子貢問：夫子亦信其筮乎？子曰：

我觀其義耳，吾與史巫同途而殊歸。」《易傳》〈十翼〉之作，不僅使孔子與卜筮同途殊歸，而且也使他與文王、周公的〈周易〉同途殊歸。

「關係論」的傳承

他們之間的主要差別，在於孔子解釋《易經》是想「立仁道於天道」，為自己主張的「仁道」找到形上學的基礎，而不是要「解卦」。然而他這方面的論述還沒說清楚就過世了。

子貢說：「夫子之文章，可得而聞也。夫子之言性與天道，不可得而聞也」《論語‧公冶長》，意思是說：孔子平常講授的詩、書、禮、樂等文章，大家都聽得懂；他平常講課提到「性」與「天道」，大家就聽不懂了。

孔子「有教無類」，門下弟子三千，賢者七十，得其真傳者「顏曾思孟」四人而已。曾參是孔子年紀最小的學生之一。他的父親曾皙，也是孔子的學生。曾子比孔子小四十六歲，孔子逝世時，他才二十七歲，但他卻是傳揚孔子「一貫之道」的人。孔子晚年作《易傳文言》與《春秋》，曾子「隨事省察」，得其真傳，著成《大學》；

並將《易傳》中的思想傳給子思。子思名孔伋，是孔鯉之子，孔子之孫，他「直達天德」，著述《中庸》，並傳授給孟子，形成儒家「性命之學」的一脈相承，跟孔、孟、荀三人所講的「仁、義、禮」互為表裡，構成先秦儒家「關係論」的核心。

孔子死後，儒分為八，孟子雖然繼承了曾參和子思的思想，針對人性的問題，和告子展開辯論，但這個問題並沒有獲得根本的解決。秦始皇統一中國後，採用宰相李斯的建議，焚書坑儒，這一方面的討論也因此而中斷。

到了漢代，漢武帝（西元前

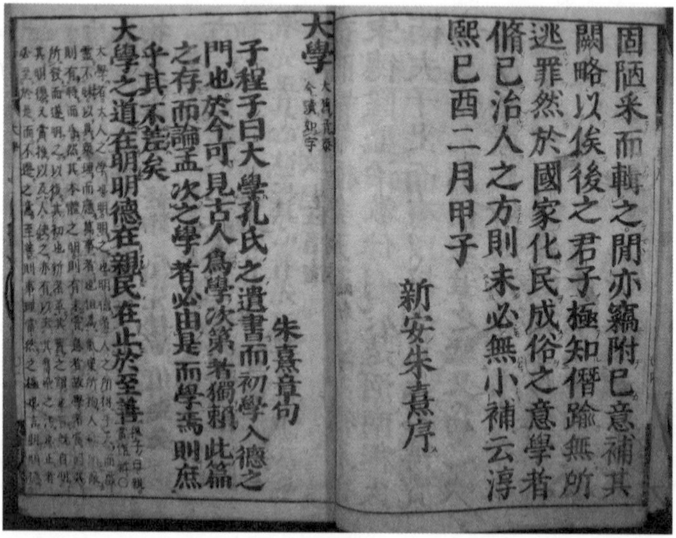
固陋采而輯之閒亦竊附己意補其闕略以俟後之君子極知僭踰無所逃罪然於國家化民成俗之意學者修己治人之方則未必無小補云淳熙己酉二月甲子 新安朱熹序

大學

朱熹章句

子程子曰大學孔氏之遺書而初學入德之門也於今可見古人為學次第者獨賴此篇之存而論孟次之學者必由是而學焉則庶乎其不差矣

大學之道在明明德在親民在止於至善

大學

一五七—八七）接受董仲舒（西元前一七九—一〇四）的建議，「罷黜百家，獨尊儒術」；董仲舒又將孟子所說的「四端」之心，擴充成為「三綱」、「五常」。從本書的觀點來看，「三綱」之說使「儒道」異化成為帝王的統治之術；「五常」之說則使儒家的「關係論」趨向完善。但董仲舒深受漢代流行的「陰陽五行」之說影響，他想把儒家的「關係論」建立在「陰陽五行」的「宇宙論」之上，他這方面的努力並沒有被後世儒者所繼承。

第三節　儒學第二期的發展

佛教在漢明帝（西元二八—七五）時代傳入中國，它所主張的「出世」和儒家的「入世」思想原本互不相容，而在隋唐時期受到士大夫的排斥。中唐時期，韓愈著〈原道〉、〈原性〉，李翺著《復性書》，為儒學的復興埋下了伏筆。開元貞觀年間，禪宗的發展，使佛家思想和中華文化傳統互相結合，發展成漢傳大乘佛教，塑造出「儒、釋、道」三教合一的東亞文明。

朱熹編註《四書》

宋太祖趙匡胤以「杯酒釋兵權」的方式取得政權之後，採取「重文輕武」、「強幹弱枝」的政策，鞏固趙家江山，卻導致外患頻仍、無力抗拒。但卻為儒學第二期的發展，創造了有利的條件。

北宋時期，程朱一系的儒家學者試圖說清楚「性」與「天道」之間的關係，發展出以「道問學」作為中心的「理學」。陸王一系的儒者卻認為他們論述過於支離瑣碎，而主張「知行合一」，發展出以「尊德性」為主的「心學」，這可以說是儒家思想的第二次現代化。中國人對其「良知理性」的理解，也從此分裂為二，一是王陽明所講的「致良知」，另一則是朱熹的「理學正宗」。

朱熹可以說是儒學第二期發展的集大成者，他一方面和陳亮、陸九淵發生學理上的辯論，一方面編註《四書》，對日後中國社會的發展，造成了極大的影響。他後來受到外戚韓侂胄政治勢力的打壓，而「落祠罷官」。南宋覆亡後，儒家思想分裂為程朱一系的「理學」和「陸王一系」的心學。明朝滅亡之後，清儒們又責怪「王學末流」是導致亡國的罪魁禍首！

唐代的「科舉制度」

《四書》的重要性，必須放置在「科舉制度」發展史的角度來加以討論。漢代從八王之亂之後，即廢除分封制度，並加強皇帝中央集權。皇帝為選拔人才來幫他管理國家，採取察舉制，由各地地方政府推薦德才兼備的人才，由州推舉的稱為秀才，由郡推舉的稱為孝廉。發展到後來，經常出現地方官員徇私，薦舉者不實的現象。

魏文帝時，接受吏部尚書陳群的建議，創立九品中正制，由中央特定的中正官，按出身、品德等各種條件，考核民間人才，分為九品錄用。後來世族勢力強大，經常影響中正官對人才的考核，後來甚至演變成以門第出身作為判斷人才的標準，造成「上品無寒門，下品無士族」的弊端。

為了改革九品中正制，隋文帝於開皇七年（五八七年）命各州「歲貢三人」，應考「秀才」；隋煬帝增設「進士」和「明經」兩項名目，為科舉制度之開端。

唐代的科舉分為常科和制科。常科每年舉行，制科則是不定期舉行，由皇帝親自主持。常科名目很多，依應舉人條件和考試內容分為秀才、進士、明經、明書、明算等科。在國子監和各地學館入學考試合格的學生稱「生徒」：通過府試、州試的人稱「鄉貢」或「舉人」，考頭名者稱「解元」。通過尚書省的「省試」者，稱為「進士及第」，其榜首稱為「狀元」。

由皇帝親自主持的制科，科目多達百種，如博學鴻詞科、文經邦國科、達於教化科等。唐代宰相有百分之八十是進士出身，但新科進士則僅授予九品小官，頗類似於近代基層公務員考試。

為了保證制度的公平性，宋代進一步改善考試規則，以免考試或考官作弊；為了減少考官及士子聯黨結派的可能性，錄取的進士一律要經過皇帝親自主持的殿試，名次也由皇帝欽定，號稱「天子門生」，凡於殿試中進士者，皆即授官，不必再由吏部選試。

元代之後的科舉

元代蒙古人入主中國，對於科舉興廢問題曾經展開反覆討論。到了皇慶二年

（一三一三年），才接受王約的建議，下詔以朱熹編註的《四書》作為所有科舉考試的指定用書；並以朱熹和其他宋儒所著的《五經》，作為漢人科舉考試增試科目的指定用書。此一決定確立程朱理學在此後六百年裡，成為國家正統學說的地位。

在科舉制度的箝制之下，中國社會逐漸發展成為一種「沒有兵的文化」。要說明這一點，必須回頭說明當年朱子編註「四書」的重要意義。儒家經典，最早見於《莊子・天運》，孔子對老聃說：「丘治《詩》、《書》、《禮》、《樂》、《易》、《春秋》六經，自以為久矣。」這「六經」，是先秦儒家教學的材料，俗稱「六藝」。

西漢後期，其中《樂經》已經佚失，其他五種著作俗稱「五經」，立有「五經博士」，並收納弟子員。到了東漢，《後漢書》和《三國志》已經有「七經」的記載，但卻沒有說明其內容。唐代以《禮記》、《儀禮》、《周禮》取代《禮經》，並將《左傳》、《公羊傳》、《穀梁傳》列為《春秋》三傳，改「五經」為「九經」，立於學官，用於開科取士。

到了宋代，九經再加上《論語》、《孝經》、《爾雅》，為十三經，其內容已經十分龐雜。著名理學家朱熹因此從《禮記》中取出《中庸》和《大學》兩篇，單獨成書，又將原本列在「子」部的《孟子》取出，使其列為「經」部，跟《論語》一起合稱「四書」；明代李元陽刻《十三經註疏》，至此十三經之名才告確定。

第四節　儒家的理想及其實踐

先秦儒家的理想

朱熹編註「四書」，成為後世科舉考試的主要材料，確實有其道理。從本書的推論可以看，他從《禮記》中選出《大學》和《中庸》，使其單獨成書，是希使先秦儒家成為內容一致、首尾連貫的思想體系；將《孟子》由「經、史、子、集」中的「子」部，改列為「經」部更是充滿真知灼見，因為《孟子》不僅使儒家思想更為完整，同時也為先秦儒家思想中的「士」，提供了一個極佳的實踐典範。

孔子聚徒講學的目的，是要培養出一批有德行的「君子」，希望他們能夠出仕為

「士」，推行「仁道」於天下。在西周封建時代，「士」本是封建制度中地位最低一級的貴族。當時「國之大事，惟祀與戎」，平常時候，他們學習禮樂，演練射御，有些人還必須下田耕作，從事農業生產。一旦發生戰事，他們便必須「執干戈以衛社稷」，甚至「斷頭裂腹」，報效國家。

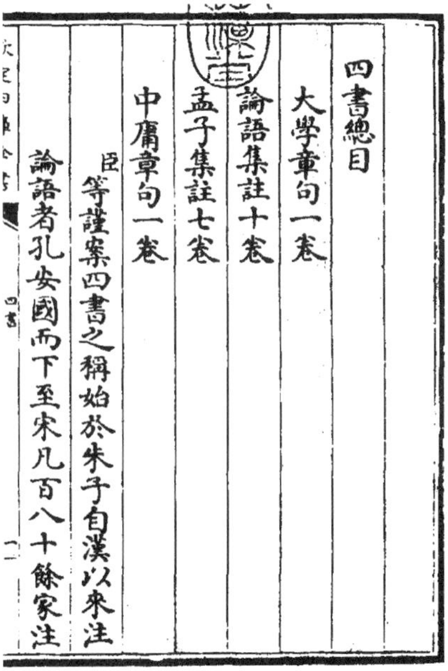
四書總目
大學章句一卷
論語集註十卷
孟子集註七卷
中庸章句一卷
臣等謹案四書之稱始於朱子自漢以來注
論語者孔安國而下至宋凡百八十餘家注

四書

到了春秋末期，舊有的封建社會秩序瀕臨解組，庶人經過私學而晉入士之階層者，日益增多，士的角色也發生了轉變。孔子便是導致此種轉變的關鍵性人物。他用「本天道以立人道」的方法，發展出以「仁」為核心的「仁、義、禮」倫理體系，他相信這套倫理體系是「天經地義」之「道」，足以用來挽救崩潰中的封建社會制度。

因此，他擴大了傳統教育的內容，不僅教導學生六藝，而且授之以「道」，希望他們「志於道」，如果有機會出仕，能夠承擔起實踐儒家理想並傳播文化理念的使命。

沒有兵的文化

先秦儒家重塑「士」的角色，是希望培養出「文武雙全」的「士」。然而，雷海宗在抗戰前三年出版《中國文化與中國的兵》一書，即已指出：在上古時代，貴族男子都以當兵為榮。遇有戰事，國君往往親自出戰，整部《左傳》中，沒有一個臨陣脫逃的士兵。

可是，自秦漢以後，中國的文化就逐漸形成「沒有兵的文化」。所謂「沒有兵的文化」，並不是說沒有「兵」，而是「沒有真正的兵」。兩千年來，知識份子不能當兵，不肯當兵，也培養不出所謂的「武德」。為什麼呢？

晚唐之後科舉制度的嬗變，使中國的官僚政治出現「官吏分途」的特殊結構。胥史是協助官僚處理文牘、司法、財政的專業工作人員，由於他們是為人民服勞役而產生出來的，國家依例不發俸給，而聽任他們從辦事中獲取利益，以解決生活問題。宋代以後，胥史的職位演變成為師徒相授、父子相傳、遇缺還可以出租、轉讓，韓毓海（二〇一三）因此指出：宋代以降的中國社會結構是「官無封建，而吏有封建」。

官無封建，吏有封建

要了解中國社會「官無封建，吏有封建」的特色，最好的文獻作品，莫過於《水滸傳》。《水滸傳》的故事源起於北宋宣和年間的話本《大宋宣和遺事》，元雜劇中出現了水滸故事的劇本，經過許多作者不斷增添情節，到了明朝，才由施耐庵撰定。

《水滸傳》的主角「及時雨」宋江，原本是山東鄆城縣的小吏，職務為押司；他的軍師吳用是不第秀才，書中描述的角色，大多是無法在科舉制度中求取功名的「好漢」。在朝綱不振、社會動盪的時候，他們會「呼群保義，落草為寇」；當朝廷開出合理的條件時，他們也可能接受「招安」，成為官兵，甚至替朝廷「打天下」。

相較於這群被排除在「功名」之外的「好漢」，中國的知識份子大多是文弱書生。「每次天下大亂時，知識份子的無能就暴露無遺」。雷海宗指出：歷代黨爭「都是在嚴重的內憂或外患下的結黨營私行為」。無論起初的動機是否純粹，到後來都流為意氣與權力的競爭。大家都寧可誤國，也不肯犧牲自己的意見與顏面，當然更不肯放棄自己的私利。各黨各派所談的都是些「主觀上並不誠懇，客觀上不切實際的高調」。

從科舉制度的演變可以看出：唐代考試的科目內容相當多樣，可以選出治國所需要的各種人才。朱熹編註《四書》，其內容雖然是一貫的，可以彰顯出先秦儒家思想的精神，但元朝以之作為科舉考試的主要內容，選拔人才的標準

李卓吾先生批評忠義水滸傳卷之二
第二回
王教頭私走延安府　九紋龍大鬧史家村
詩曰
千古幽扃一旦開　天罡地煞出泉臺　自來無事多生事　本為禳災却惹災　社稷從今雲擾擾　兵戈到處鬧垓垓　高俅奸佞雖堪恨　洪信從今釀禍胎
話說當時住持真人對洪太尉說道太尉不知此殿中當初是祖老天師洞玄真人傳下法符囑付道此殿內鎮鎖着三十六員天罡星七十二座地煞星共是一百单八箇魔君在裡面上立石碑鑿着龍章鳳篆天符鎮住在此若

水滸傳

反倒窄化了，而且有志於以科舉考試作為晉身之階的讀書人，也未必真具有什麼「儒家精神」。明代著名的小說《儒家外史》，非常生動地描繪出當時士林學子汲汲於功名的普遍心態。

宋江

當然我們也不能一桿子打翻一船人，說科舉制度完全選不出人才，像本書將要提到的清代明臣林則徐、曾國藩、左宗棠、李鴻章，都是科舉出身，但卻各自展現出相當不同的精神面貌。

第五節　中、西文化交會的「夾縫」

科舉制度跟當時眾多社會因素的結合，也妨礙了中國發展工業資本主義。這一點必須再做更細緻的析論。

中國的海上貿易自中唐開始興盛，經過兩宋，特別是南宋時期，至元代到達高峰。十三世紀從泉州和廣州啟航的商船，裝載絲綢、陶瓷、鐵和日用品，沿著海岸線經東南亞到波斯灣。再轉運到歐洲和中東各地，載回珠寶、象牙、犀角、香料和藥材，號稱「海上絲路」。

西元一二九二年，威尼斯商人馬可勃羅（Marco Polo，一二五四—一三二四）到東方來，他受元世祖忽必烈之託，護送公主遠嫁波斯，從泉州出海。他回到歐洲後，出版《東方見聞錄》，使西方人對中國產生了美麗的憧憬。

泉州因為遍植刺桐樹，當時稱為刺桐，是海上絲路的起點。在馬可波羅筆下，刺桐是個宏偉壯麗的城市，同時又是世界最大的港口之一，貨物堆積如山，來自各地的萬商雲集。他說：

「我實在無法讓你們想像這裡究竟有多少商人和商品。大汗從此地獲得大量收入，每一商人皆須交付其投資金額的十分之一。裝運貨物的運費，上品收三〇%，胡椒收四四%，檀木、藥品及一般貨品四〇%。商人計算他們所付的費用，包括關稅和運費，達其貨物價值之半，然而剩餘之半的利潤仍甚可觀，因而樂於載運更多貨物來此。」

當時航行於太平洋和印度洋的中國帆船有水密隔艙、船尾舵和羅盤、水手觀星馳船。造船與航海技術優越，設備精良。船隻大小直到十六世紀都遠超過歐洲。許多式樣先進、設備齊全的大小商船都在這裡或廣州製造。一般商船多為三帆，大的商船甚至有十二張帆，可乘一千人。

明成祖永樂三年（西元一四〇五年），鄭和第一次下西洋，到明宣宗宣德八年（西元一四三三年）第七次出航，於返國途中病逝，前後歷時二十八載。每次出航的船隊有大、小船隻兩百餘艘，將士兩萬七、八千人。不論是船隻的大小、造船的技術、水師的規模、航經的海域與到達的地區，都破我國歷史紀錄，也領先世界所有國家。

鄭和首航後八十七年，即一四九二年，哥倫布從西班牙出發，往西渡過大西洋，發現美洲新大陸，其船隊只有船三艘，水手九十人；一五一九年麥哲倫從西班牙出發，跨越大西洋和太平洋，環繞地球一周，船不過五艘，人不過二六五人。

鄭和下西洋，雖然經歷過戰爭，可是並沒有侵略、搶劫和剝奪的行為，與本書第二章所描述的殖民帝國主義完全不同。可是，這種「宣慰遠人、弘揚國威」的和平之旅，卻因為耗費巨大，又缺少經濟效益，變成國庫的重大負擔，而難以為繼。

夾縫中的台灣

鄭和病逝後，明政府改變宋、元以來的外貿政策，採取「朝貢制度」，禁止自由通商。海外諸國必須先接受中國冊封，由政府發給執照，才可以朝貢名義附帶貨品來中國，在官吏監督下，開市交易若干天。此外

哥倫布

鄭和下西洋

私人貿易一概不許。

中國於十五世紀從世界經濟舞台撤出後，亞洲開始衰退，其經濟由繁榮降落到貧窮，中國亦喪失掉在航海方面的技術領先地位。但在歐亞大陸的另一端，歐洲人因為鄂圖曼土耳其帝國崛起，東羅馬帝國滅亡，東西貿易受阻，而進入大航海時代（詳見本書第二章）。西班牙、荷蘭人先後將殖民觸角伸向台灣。

這時候，日本正處於戰國時代，群雄並起，互相征伐，落敗者淪為海盜。明政府因為倭寇侵擾海疆，採取海進政策，嚴禁人民下海。不但通蕃貿易受到禁止，國內海上貿易亦在禁止之列。東南亞沿海居民生計，因此受到嚴重影響。驅民為道，致使海疆綏靖工作更加困難。

夾縫中的台灣成為海盜棲息之所。明朝末年，鄭芝龍成為雄霸一方的海盜頭目。明朝滅亡後，其子鄭成功驅逐荷蘭人，並以台灣作為反清復明的根據地。

重商主義

明鄭時期，漢人大批移入台灣，將之發展成為中、西貿易的中繼站。十六至十八世紀，是歐洲重商主義（mercantilism）流行的時期。

重商主義是當時西歐商人、政治人物和行政官員提出的經濟主張，主導當時西歐各國的經濟政策。重商主義最基本的概念，就是將一國的財富視為其所擁有的金、銀總值。一個國家如果不生產金、銀，就必須通過對外貿易，創造順差賺取。

因此重商主義的經濟政策，就是採用各種方法，增加出口，減少進口；進而干預國內就業、勞工和人民生活。對外則發展為殖民主義和帝國主義，侵略、掠奪與剝削落後國家，以增進本國的富強。

將金、銀視為財富，是從個人尤其是商人觀點在看問題。金、銀是當時各國流通的貨幣，也是交易的媒介、儲存的工具和計算價值的標準。個人可以用貨幣計算自己所擁有的財富，可以把一部分財富用貨幣形式加以儲存，也可以用貨幣交換任何所需的貨物和勞務，因此貨幣就是財富。

「地主／貧農」的對立

本書第二章將會談到：在重商主義的主導下，以西班牙為首的西歐各國，如何發展出殖民主義和帝國主義，掠奪中南美洲的黃金和白銀，以之作為歐亞貿易的媒介，購買中國的絲綢、茶葉和瓷器。大量白銀流入中國，使中國東南沿海各地產生出資本主義萌芽的現象，但卻沒有促成經濟的全面發展，也沒有發展出工業資本主義。為什麼呢？

韓毓海在《五百年來的中國與世界》一書中指出：在科舉制度的約制下，中國人富裕之後的首要之務，便是培養聰慧的子弟讀書，鼓勵他們去考取功名，來保障家族的利益。因為沒有銀行以及其他的儲蓄工具，有錢人大多將他們的黃金和白銀窖藏在家中。等到荒年米珠薪貴的時機，再以低價收購土地。貧窮人家為生活所迫，不得不賣土地、賣家當、甚至販賣妻子。結果海上貿易流入中國的金、銀，不但沒有刺激中國的經濟發展，反倒是成社會中「地主／貧農」的極端對立。

科舉制度直接或間接地促成了清朝末年中國社會形成「沒有兵的文化」、「官無封建、吏有封建」，以及貧富懸殊，這樣的社會結構對吸引西方列強的入侵創造了有利的條件。從十九世紀中，與英鴉片戰爭失敗之後，中國便進入「百年羞辱」的世紀。用《易經》的卦象來說，這是「潛龍勿用」，必須等待「剝極而復」的時機到來。

小結

從本章的析論中，我們可以看出：從十五世紀歐洲進入大航海時代，台灣在中、西文化初步交會的「夾縫」中，開始走上歷史的舞台。

本書第二、三章將進一步說明：「西方殖民帝國主義的崛起」及「列強爭霸與殖民霸權」的格局；第五章說明：陽明學對日本明治維新的影響。第四、六、七、八各章，從「心理史學」的觀點，分析林則徐、曾國藩、左宗棠、李鴻章等晚清名臣，如何「輔佐」清廷，應付內憂外患。

在他們四個人身上，我們都可看到當時中國社會「沒有兵的文化」和「官無封建、吏有封建」所造成的困境。從「抬棺抗俄的左宗棠」和「長袖善舞的李鴻章」兩人一生行誼的對比，我們更可以了解：同樣的儒家文化傳統，在不同的人身上，可以有完全不同的展現，其差別在於儒者所謂的「存乎一心」！

袁世凱小站練兵，說明清廷試圖改變中國社會「沒有兵的文化」。但在科舉制度的羈縻之下，大多數士大夫想盼的是效法李鴻章的「滿門富貴」，「宰相合肥天下瘦」，結果「戊戌變法」當然是以失敗告終。

推動日本維新諸志士的共同主張是「和魂洋才」。明治維新成功之後，日本走的卻是福澤諭吉主張的「脫亞入歐」，全盤學習西方的殖民帝國主義。夾縫中的台灣因而陷入「殖民的困境」。這個問題，留待本書第二部，再作細論。

第二章　西方的崛起與殖民帝國主義

本書第一章提到：先秦儒家提倡一種「文武雙全」的文化，尤其是孟子之學，希望把門下弟子訓練成辯才無礙，能夠與人進行「唇槍舌戰」式的「辯士」。到了漢代以後，中國逐漸演變成一種「沒有兵的文化」。尤其是在宋朝之後，在「科舉制度」的約制之下，這種現象更為鮮明。

相形之下，西方從希臘、羅馬時期開始，就是一種「有兵的文化」，其文化形態甚至影響到整個文明的興衰。我們先從希臘文明談起。

希臘羅馬文明

希臘文明源於今日的雅典。古希臘是男權至上的社會，成年男子可以享有民主政治，但女人和負責勞動的奴隸並沒有參政的權力。古希臘男子的角色是臨危受命的戰士或政治家，他們平常的功課就是鍛鍊身體及發表議論，因此產生出許多哲學家及科學家，並以奧林匹克比賽驗收鍛鍊身體的成果。

西元前三三八年，馬其頓王腓力普二世降服希臘，其子亞歷山大曾從學於亞里斯多德。他繼位之後，率領馬其頓與希臘聯軍征服了東方的埃及、波斯，建立了強大的帝國。他雖然以三十二歲之齡，英年早逝，他建立的帝國也隨之分裂，但在此後三百年間，希臘文化卻傳播各地。

羅馬是希臘的繼承者。古羅馬廣場的中心是大家集會、進行政治討論、商業活動或審判的場所。西元前五百年左右，即成立共和政體，由執政官、元老院和市民會議所組成，但僅有成年男子享有市民權。他們相信多種教，不但把戰爭俘虜當奴隸，強迫他們在競技場上當角鬥士（gladiator），和猛獸或其他角鬥士做生死拼搏，女性的社會地位也很低。

亞歷山大從學亞里斯多德

西元第一世紀，大約中國的西漢時期，凱撒、龐培、克拉森三巨頭執政，羅馬開始往外擴張領土。公元前四四年，凱撒（Julius Caesar）成為終身獨裁官（Diatator），不久即遭到暗殺，他的養子奧古斯都繼任後，清除政敵，在位四十年，為羅馬帝國奠下雄厚的根基。從此羅馬改行帝制，實行奴隸制的君主專制，但並未將世襲制度化。其後的「五賢君時代」，羅馬進入全盛時期，成為人口逾五千萬的龐大帝國。

西羅馬帝國滅亡

西元第三世紀，康茂德大帝遭暗殺之後，羅馬進入依存軍隊力量的「軍人皇帝時代」。由於北方蠻族的入侵，統治階級發生內訌，人民發動起義，基督教迅速發

角鬥士

戴克里克四帝共治

With the 313 AD
Edict of Milan
Constantine gave
Christians and
unspecified "others"
indulgence to
worship as they
please. The edict
also mandated the
return of property
that had previously
been confiscated.
A translation of the
edict text is at
http://gbgm-umc.org/
umw/bible/milan.stm

米蘭敕令

君士坦丁大帝

展，政治動盪不安，五十年內，換了二十六個皇帝。戴克里先（Diocletian，二四三—三一三）結束了羅馬帝國的長期動亂，以鐵腕壓制基督教，並將帝國分為四個部分，設立兩個正皇帝（奧古斯都，Augustus），兩個副皇帝（凱撒，Caesar）。

這種「四帝共治」的安排再度引起內戰，由君士坦丁一世（Constantine，二七四—三三七）取得勝利。他看到信奉一神的基督教有一種團結信眾的精神力量，於三一三年和李錫尼共同簽署「米蘭敕令」（Edict of Milan），承認基督教的合法地位，又召開尼西亞會議，通過「尼西亞信經」，確立「三位一體」的信仰。然後將國都移往拜占庭，並改名為君士坦丁堡，並在死前受洗，成為基督教徒。

拜占庭帝國

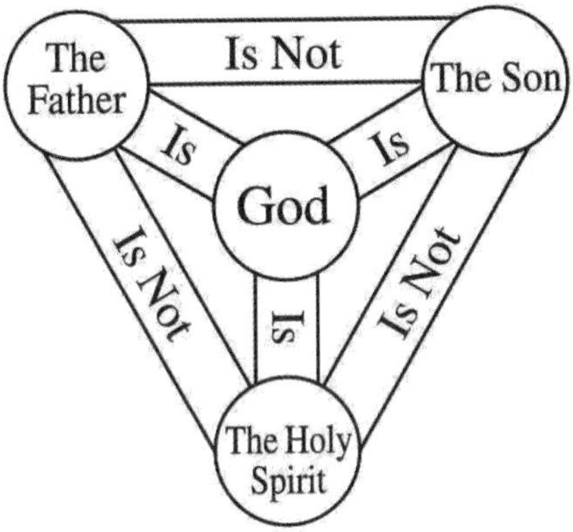

三位一體

尼西亞會議（AD325）

但這並不能根本解決奴隸制所造成的危機。西元三八〇年，迪奧多西一世（Theodosius，三四六—三九五）訂基督教為國教，他逝世前，羅馬將帝國分給兩個兒子，遂形成東、西羅馬帝國，分別以羅馬與君士坦丁堡為首都。此後雙方即因文化差異、教義教儀，乃至於世俗轄區的衝突，而紛爭不斷。公元第四世紀以後，北方日耳曼蠻族大舉進攻羅馬，國內人民起義不斷，四七六年，西羅馬帝國滅亡，西歐分裂成許多封建王國。

西羅馬帝國滅亡（**AD476**）

第一節　黑暗時期

長久以來，阿拉伯半島一直存有許多不同遊牧民族組成的部落。從西元六一〇年開始，穆罕默德開始傳播伊斯蘭教，並在二十年後，統一阿拉伯世界，開始向東羅馬帝國挑戰。

阿拉伯的攻略

東羅馬帝國和波斯王朝經過數百年爭戰，已經師老兵疲，其步兵根本不是阿拉伯騎兵的對手。西元六三五年，敘利亞首府大馬士革守軍投降；西元六三八年，耶路撒冷守軍也向阿拉伯投

阿拉伯的崛起

降，到西元第八世紀初，阿拉伯人已經佔領從埃及到摩洛哥的北非沿海地區。

此後阿拉伯帝國開始組建海軍，並在西元六七八年水陸並進，圍攻君士坦丁堡。幸好東羅馬軍以硝石、硫磺和石油製成一種叫「希臘火」的利器，可以浮在海上燃燒，用火攻數度擊敗來犯的阿拉伯艦隊。

西元七一八年，阿拉伯圍攻君士坦丁堡失敗。翌年改以西班牙總督阿卜杜拉•拉赫曼率領大軍，越過庇里牛斯山，殺向法蘭克王國。法蘭克王國的宮相查理•馬特智勇雙全，他先縱敵深入，讓阿拉伯騎兵掠劫財物，然後選擇一條人字形的三岔河口，背水列陣，自己率領的主力組成堅固的方陣，擋住阿拉伯騎兵的進攻，再出動他佈置在左右兩翼，與主力隔河相望的偏師，一支攻向阿拉伯軍隊存放財物的營寨，一支包抄到阿拉伯軍隊後方。

久攻不下的阿拉伯軍背腹受敵，又擔心後方財物，結果全軍潰敗，主帥死於亂軍之中，餘眾逃回西班牙，從此再也無法威脅歐洲。

歐洲的三國格局

查理・馬特擊敗阿拉伯人之後，他的兒子丕平在西元七五一年篡位為王，開創了加洛林王朝。教皇史蒂芬二世冒著風雪，翻越阿爾卑斯山，前往巴黎，為他加冕。丕平則把羅馬城連同義大利中部的二十多個城市獻給教皇。「丕平獻土」使「教皇國」不僅有了世俗的領土，而且還能夠徵集軍隊，宗教領袖和軍事力量從此聯手，統治歐洲。

丕平的兒子查理曼身材高大，生活簡樸，待人熟識，他在位四十多年，率領大軍，東征西討，打下了大片江山，建立了龐大的帝國，而且以武力要求被征服地區皈依羅馬教會。西元八〇〇年的耶誕

查理曼大帝

節，教皇利奧三世為他加冕，稱為查理曼大帝；從此「法蘭克王國與羅馬教皇」成為和「東羅馬帝國與君士坦丁堡教會」分庭抗禮的政治與宗教實體。

查理曼的兒子「虔誠者路易」死後，他的三個兒子在西元八四三年將帝國一分為三，成為後來歐洲法國、德國和義大利三大國的格局。查理・馬特採用「采邑制」，把土地和農民一起分封給功臣，接受分封的人必須為國家服兵役，死後則將土地收回，不得世襲。他的孫子們則開始允許世襲。到西元九八七年，加洛林王朝覆亡，被卡佩王朝取代時，法蘭西王國名義上有四十五萬平方公里土地，國王能夠有效管理的，只有巴黎一帶的三萬平方公里，其餘領土都由封建貴族割據。

基督教的紛爭與分裂

西元九一九年，亨利一世在「東法蘭克國」即位，並改國名為「德意志王國」。他以武力內震諸侯，外擴疆土。其子奧托一世繼位之後，繼承父業，打敗國內的大公國，撤換成自己的親人；又親自率各大公國聯軍，打敗入侵巴伐利亞的匈牙利騎兵，解除奧格斯堡之困。接著收到教皇若望十二世的求救信，揮軍南攻義大利，進入羅馬後，於西元九六二年受教皇加冕，成為皇帝，稱為「德意志第一帝國」，又稱「神聖羅馬帝國」。

奧托一世跟教皇之間的合作關係並不是平等的。後來雙方發生衝突，奧托一世再度發兵義大利，召集教廷人員，審判若望十二世，廢黜了他，並任命利奧八世為新教皇。

從此之後，羅馬教會和東羅馬皇帝之間，乃至於它和君士坦丁堡教會之間，都是紛爭不斷，動不動就相互開除對方的教籍。公元第九世紀，基督教傳入東歐，俄羅斯斯拉夫人大批皈依基督教，使東部基督教形成希臘和斯拉夫文化的混合體。西元一〇五四年，羅馬教皇利奧九世又和君士坦丁堡教長發生衝突，雙方互相開除教籍，基督教正式分裂為希臘正教（東正教）和羅馬公教（天主教）。天主教受羅馬法學傳統影響，傾向於從法學的角度看待基督教。東正教受希臘傳統影響，傾向於用哲學觀點演繹基督教。

十字軍東征

歐洲封建制度原本分為公、侯、伯、子、男五等，其下設有「騎士」，他們效忠主公的代價是領取一小塊土地，外敵入侵時，為主公打仗；平時橫行鄉里，動輒拔劍互鬪，甚至欺凌民眾，傷害平民。在那個黑暗的時代，天主教信仰是人民唯一的寄託，到了十一世紀，在教會的約束下，才出現所謂的「騎士精神」。

西元第十世紀，來自中亞的遊牧民族突厥塞爾柱人攻進巴格達，建立大賽爾柱帝國，並將阿拉伯帝國阿拔斯王朝的哈里發發展變成宗教傀儡。以後又頻頻西犯，迫使東羅馬帝國向教皇烏爾巴諾二世求助。西元一〇九五年冬天，烏爾巴諾二世以收復聖城耶路撒冷為名，號召各地的封建領主、騎士、教士和民眾，組成十字軍，進行東征。

十字軍東征

東征之初，歐洲幾個大國之間關係和緩，一百年間人口幾乎增加了一倍。封建領主想要開拓疆土，騎士貴族想要建功立業，貧窮農民想要脫貧致富，十字軍東征前後八次（一〇九六—一二九一），結果並沒有收回聖城，卻將希臘文明帶回到基督教世界，兩者互相結合，導致十四世紀歐洲的文藝復興。

英法百年戰爭

西元一二九四年，博義八世成為教皇後，利用教廷的名義，到處搜括土地和財產，引起法王腓力四世的不滿，宣布向法國境內的教會徵收財產稅。雙方發生衝突後，博義八世派一位大主教去訓斥腓力四世，腓力四世卻將大主教逮捕，送上世俗法庭。博義八世發佈敕令，威脅要罷黜他的王位。腓力四世卻召開法國歷史上第一次由教士、貴族和平民組成的三級會議，聲討羅馬教廷的腐敗和張狂。

教皇博義八世

一三〇三年，他們逼博義八世脫下外衣，

百般凌辱後，押著他遊街示眾。博義八世活活氣死，腓力四世將教廷從羅馬遷到法國的亞維儂。其後六十多年的歷任教皇，都是唯法王之命是從的法國人。到了一三〇七年十月十三日的黑色星期五，腓力四世突然下令逮捕聖殿騎士團的所有成員，不久後又要求傀儡教皇克雷芒解散騎士團。

半年後，腓力四世死於意外。他的三個兒子也都是在位不久便死於非命，而且絕嗣。法國人只好讓腓力四世的侄兒當新國王，是為腓力六世。英國王室原本在法國擁有大片領土，比法國王室還多。英王愛德華三世的母親是腓力四世的女兒，他認為自己理當繼承法國王位，因此和腓力六世各自拉幫結派，展開一場遺產爭奪的龍爭虎鬥。

其後一百年間，英、法兩國不斷爭戰，兵連禍

英法百年戰爭

結，各有勝負；雙方都打得民窮財盡，精疲力盡。西元一四二八年，英軍圍困法國要塞奧爾良城，局勢危殆。這時候，一位出身農村的十六歲少女貞德，宣稱自己看到了神蹟，奉上帝之命，來拯救法國！法王查理七世半信半疑，但在法國貴族普遍怯戰的情況下，只好在一四九二年四月二十七日任命她為戰爭總指揮，帶兵三千，去解奧爾良之圍。

聖女貞德威震西歐

貞德騎著白馬，身穿盔甲，不顧一切地衝向奧爾良。師老兵疲的法軍，看到她身先士卒，頓時大受鼓舞，也跟著往前猛衝。圍城的英軍其實也很疲憊，根本無法招架住；四月二十九日，貞德衝進了奧爾良城，全城軍民歡聲雷動！接著，她又率領法軍出城邀戰，不到十天，就擊潰英軍，解除奧爾良之圍！

聖女貞德

這次戰役使聖女貞德威震西歐，她繼續帶領法軍，四處進擊英軍，數月之間，她屢戰屢勝，法國北部民眾也紛紛起義，迎接王師。

然而，西元一四三〇年在康比涅城的一次小戰役中，貞德在撤退時親自斷後，不料她的部下進城後，立刻把城關上，以致貞德被「內奸」勃艮第公爵的軍隊俘虜；親英的勃艮第公爵將她出賣給英國人。對她恨之入骨的英國人安排宗教法庭，對她進行審判，最後判定她是「女巫」，於一四三一年五月將十九歲的聖女貞德活活燒死。

聖女貞德出征

貞德雖然死去，法蘭西光復故土的潮流已經不可阻擋。全法各地軍民紛紛起義，到處驅逐英軍。西元一四五八年，法軍攻陷加葉，將英軍完全驅出歐洲大陸，持續百年的英法戰爭也以法國的完全勝利而告終。

東羅馬帝國滅亡

在英、法百年戰爭期間，中亞的一個突厥人部族在酋長鄂圖曼的帶領下開始崛起，並以蠶食的方式，侵吞東羅馬帝國的領土。東羅馬帝國在經過阿拉伯人的劫掠之後，元氣大傷；西元一三五〇年鄂圖曼土耳其將東羅馬帝國逐出小亞細亞，並開始向歐洲大陸進攻。十多年之後，一度橫跨歐、亞、非三洲的東羅馬大帝國，只剩下君士坦丁堡一帶的彈丸之地，向羅馬教皇求救無效，只得向鄂圖曼納貢求和。

西元一三八九年，鄂圖曼軍和巴爾幹各國聯軍在科索沃大戰；一三九六年，

東羅馬帝國滅亡

又和歐洲聯軍在尼科波利斯展開決戰。一四五三年，鄂圖曼蘇丹穆罕默德二世率領十五萬大軍和三百多艘戰艦圍攻君士坦丁堡，雙方激戰五十六天，末代皇帝君士坦丁十一世壯烈戰死，城被攻陷，改名為伊斯坦堡，東羅馬帝國滅亡。自西羅馬帝國滅亡的四七六年到一四五三年，將近一千年的這段期間，稱為歐洲歷史上的「黑暗時期」（dark age）。

第二節　西班牙的殖民帝國

由於西班牙地處歐洲邊陲，加上有庇里尼斯山脈橫亙北境，與歐洲諸國隔離，自八世紀初期開始，西班牙被北非的伊斯蘭教徒摩爾人（the Moors）統治。十五世紀初，摩爾人的勢力衰落，退縮在南端的格拉那達（Granada）。當時的神聖羅馬帝國由兩百多個邦組成，皇帝是信奉天主教的奧地利哈布斯堡家族（Habsburg Family）成員，此一家族雖然分為奧地利系及西班牙系兩支脈，但一直維持緊密聯繫，包括堂表通婚。

西班牙的崛起

一四六九年，阿拉貢（Aragon）的斐迪南二世與卡斯蒂利亞的伊莎貝拉一世，兩位天主教君主聯婚，使得兩國變成一個共主邦聯。他們於一四八一—一四九二年間，征服了格拉那達，並於一五一二年取得位於西北的那瓦（Navarre），確立了西班牙的疆界。

斐迪南及伊莎貝拉主政期間（一五一三—一五五六），自一四三八年起，西班牙一脈開始領有神聖羅馬帝國帝位。其子腓力二世（Philip II）也在位四十餘年（一五五六—一五九八），他們的刻意經營，把西班牙打造成統一的「民族國家」，並快速興起，於十五至十七世紀期間稱雄於歐洲。

自斐迪南及伊莎貝拉

腓力二世

的時代起，歷代的西班牙王室均推行堅強的中央集權制。他們徵募市民，組成「聖保衛團」（Santa Hermandad），削奪封建貴族組成的王家議會（Cortes）及宗教法庭（the Inquisition），壓制了封建貴族的非法妄為，並建立強而有力的中央政府。西班牙在對摩爾人的長期戰爭中，累積了豐富的經驗，發展出著名的戰術「西班牙方陣」（tercio或Spanish Square）。由火槍兵（musketeers）及長矛兵（pikemen）組成長方形的隊形，野戰砲兵列在最前線的中央位置；騎兵則列在後方或兩翼，準備作最後攻擊。會戰時，用平行戰鬥序列，一波波往前進攻。當時歐洲國家諸城邦的軍隊，大多是由僱傭兵組成的烏合之眾，根本不能與西班牙軍匹敵。

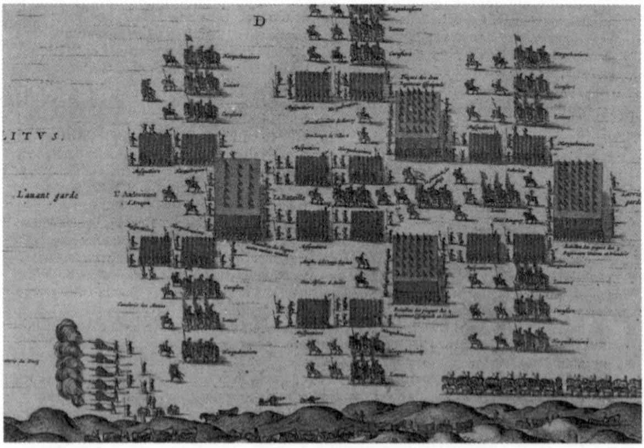

西班牙方陣

《東方見聞錄》

西班牙位於歐洲邊陲，瀕臨大西洋。一四五三年鄂圖曼土耳其帝國消滅東羅馬拜占庭帝國，歐洲人經由地中海前往印度、東南亞的路線受阻中斷，大批希臘學者逃亡至西歐；古希臘及古羅馬的著作在歐洲再度流傳，幫助歐洲人增進了對外的地理知識。此時馬可・勃羅遊記《東方見聞錄》的問世，更激發了歐洲人的冒險精神。

馬可・勃羅原本是威尼斯商人，他於元世祖至元二九年（西元一二九二年）來到中國，受到元世祖忽必烈的資助，而遍遊中國東南各地。他回到歐洲後，當時控制東西貿易的兩個城邦威尼斯（Venice）和熱內亞（Genoa），因為貿易衝突而發生戰爭，他被熱內亞人所俘，在獄中寫成《東方見聞錄》。他所描繪的杭州、蘇州和南京，人口眾多，

哥倫布

市井繁華，有錢人身著絲綢，用精美瓷器進食。富裕的程度超過威尼斯，製作這些精品的技術，歐洲的工匠無人能及。這本書促使許多歐洲人想向海外探險，尋找傳說中的「黃金國」。

大航海時代

一四九二年，熱內亞航海家哥倫布（Christopher Columbus，一四五〇—一五〇六）在西班牙王室資助之下，橫越大西洋，意外「發現」了美洲大陸。歐洲中古時期至此結束，世界進入「大航海時代」。哥倫布的「發現」，讓西班牙展開對外殖民之先機，並在一個世紀內建立一個由今天的加州，貫越中美洲，直到阿根廷的龐大殖民帝國。

葡萄牙和西班牙同樣位於歐洲西南角的依比利半島。葡萄牙建國較早，但本土面積只有九萬平方公里，人口不過百萬。十五世紀末，大航海時代一開始，葡萄牙人達迦馬（da Garma）就沿著非洲大陸的海岸，一路航行，到達好望角後，折向北方，再向東穿越印度洋，於一四九八年到達印度。葡萄牙海軍隨後在沿岸修築要塞，建立補給站及殖民地。一五〇〇年，葡萄牙人來到南美洲，發現了堅硬厚實的巴西紅木，而將這個地方命名為「巴西」。

一五一〇年葡萄牙佔領印度西岸的果阿（Goa），成為歐洲進入東方的第一個海上霸權。一五一一年佔領麻六甲（Malacca），控制歐洲和亞洲香料貿易的通路。一五一七年派遣皮耶斯（Tome Pires）為使，率艦八艘，於九月到達廣州要求明政府允許葡萄牙在澳門建立基地，從事貿易。

一五三二年，葡萄牙國王派馬蒂姆•阿方索到巴西建立聖保羅殖民地，開始有計畫地在此進行殖民。由於葡萄牙人口不多，巴西的印第安人口更是稀少，葡萄牙殖民者對巴西的統治相對平和，即便發生衝突，也是村落級的，沒有大規模的征服戰爭。

摧毀美洲的文明

但西班牙的殖民方式，卻徹底摧毀了美洲的文明。在美洲歷史上，最早興起的是位於北美洲南端的瑪雅文明。它在三千多年前開始成形，不僅發展出數學和天文曆法，而且留下了神秘的瑪雅金字塔。到了十四世紀，繼之而起的是鄰近的阿茲特克文明，由於兩者地理位置相近，他們的象形文字、曆法、金字塔、種玉米等都非常相似，但阿茲特克人的建築技術卻更發達，並且以殺活人「血祭」著名。

和阿茲特克文明同時存在於南美洲的，則是印加文明。它在十一世紀開始建立國家，到了十五世紀，在南美洲西海岸發展成狹長的印加帝國，土地由北到南，長達三千英里，人口六百萬，號稱「美洲的羅馬人」。早先的瑪雅人，則因為其文明特色，而被稱為「美洲的希臘人」。

哥倫布之後，一群自稱西班牙征服者的探險戰士，接著在新大陸開拓殖民地。當地一些勢力為了打敗比自己強大的敵人，而與西班牙人結盟；外來軍隊則利用當地族群之間的爭端，獲取利益。

瑪雅文明

當中最成功的西班牙殖民者領袖，是柯爾蒂斯。他帶領一支一千多人的小軍隊，裝備鐵製兵甲，騎著高頭大馬，還會開槍放砲，獲得了大約二十萬名美洲原住民的支持，於一五一九至二一年間征服強大的阿茲特克帝國，將墨西哥納入西班牙帝國的版圖。此外，皮薩羅也用同樣的戰略，以一六八人的西班牙軍隊，擊潰五千名印第安人，征服印加帝國，擒獲並絞殺其皇帝，成為秘魯總督。

財富、奴隸與死亡

征服墨西哥後，黃金城市的傳言引來更多遠征活動。不過大多數的冒險家都空手而回；即使找到城市的人，都發覺所得比預期少得多。直到一五四六年，墨西哥和秘魯波托西礦場的銀礦開工之後，才為卡斯蒂利亞及其王室帶來大量財富，成為源源不絕的主要收入。

被摧毀的美洲文明

然而，殖民地的財富，卻是以犧牲原住民的生命為代價而換來的。在戰爭中存活下來的印第安人，大部分在所謂的「委託監護制度」之下，在大種植園，或在條件惡劣的礦山中，被強迫作苦工，稍有過錯，便遭到嚴刑拷打，甚至凌虐致死。礦山開發得愈多，原住民的境遇愈悲慘。從一五五五年之後，西班牙人開始使用水銀提煉銀礦。印第安勞工在水銀蒸氣裡辛苦勞動，吸入大量有毒的重金屬，最後是器官衰竭，痛苦死亡。據估計，拉丁美洲死於銀礦中的印第安人，總數在一千萬人以上！

大西洋的奴隸貿易

除了戰爭及奴隸帶來的死亡，疾病的傳播也使西班牙人更加輕易地征服美洲大陸。當時歐洲頗為常見的疫病（如天花），以前在新大陸從未出現過，現在流行疫病隨著殖民者到來，使得美洲原住民大量死亡，造成勞工短缺，殖民者也因此開始在大西洋從事奴隸貿易。

被販售的黑奴，大部分是武裝販奴隊攻打非洲村莊後「圍獵」得來的，但也有非洲部落間戰亂被逮捕的俘虜。歐洲船隻先在歐洲購買廉價的工業產品，例如酒、布匹和槍械等，運到非洲，賣給當地的酋長、土王、或奴隸販子，換來黑奴後，橫跨大西洋，將黑奴賣給美洲的種植園主或礦業主；換取美洲的農產品和原物料；再橫跨大西洋，將原物料賣給歐洲的工廠或企業。這樣三段航程，一趟下來，利潤高達十倍！

在十六至十九世紀的三百年間，奴隸販子運往美洲的黑奴數目大約在一千萬至二千萬之間，由於抓捕中的死傷、及運輸過程中的凌虐致死，使非洲人口至少損失一億。中南美洲許多地方的黑人數量不僅超過白人殖民者，甚至超過本地的印第安人。他們混血產生的後代，形成了封閉的社會階級，變成日後政治動盪的根源。

大西洋的奴隸貿易

殖民觸角伸向亞洲

一五一九年，西班牙國王查理五世繼位為神聖羅馬帝國皇帝，將其殖民的觸角伸向亞洲。一五二一年葡萄牙人麥哲倫帶領的探險船隊在西班牙政府的資助下，橫渡大西洋來到菲律賓。他因為捲入一場跟土著的衝突，而命喪宿霧。四十年後的一五六五年四月，西班牙派船隊征服了菲律賓，將菲律賓佔為殖民地。一五七二年，西班牙建立了馬尼拉，利用馬尼拉的大帆船，展開貿易活動。他們把貨物從亞洲經太平洋，運載到墨西哥海岸；然後，在墨西哥運載珍寶，運回西班牙。

西班牙之財富，主要是來自對殖民地的巧取豪奪。西班牙人性喜冒險，認為勞動工作是可恥的。西班牙貴族階級喜歡用其財富來買公債，公債雖然有進口白銀支持，主要是用來支持戰爭，而不是用以改進製造業和農業的生產，忽視工商業發展。大量白銀流入，使西班牙過度依賴外來的原料和製成品，這類東西的進口使其工業的投資萎縮，結果暴富並無助於該國的經濟發展。其統治貴族反而因為自恃財多，浪費金錢，從國外輸入奢侈品，造成財富外流。加上年年征戰，國內賦稅繁多，窒礙本土的工商業發展，種下西班牙衰落的遠因。

第三節　宗教改革與宗教戰爭

中世紀的歐洲社會，主要分為皇室、教士、貴族和騎士組成的上等階級，以及農奴和平民組成的下等階級。文藝復興運動發生後，隨著工商業的發展，產生出新的中產階級，並發展出由中產階級主導的銀行和商業行會。貧富差距造成的階級對立日益明顯，人民除了向政府交稅之外，連參加教會的聖禮和儀式，也都要付費，導致社會和宗教的各種對立與矛盾。

馬丁路德的宗教改革

東羅馬帝國滅亡後，許多希臘學者逃亡到西歐，並帶來大量的經典，包括希臘文的《新約聖經》。一五一二年，馬丁路德（Martin Luther，一四八三—一五四六）在威登堡大學獲神學博士後，隨即在該校講授《聖經》。當時教會為了紓解財政壓力，不僅出賣聖職、贖罪券，而且鬧出許多醜聞。有一天，路德研讀希臘文版的《新約聖經》，看到「義人必因信得生」（羅馬書1：17），突然醒悟到：人的得救，是因為對上帝的信仰，而被神「稱」為義人。這是出自神的恩賜，但人仍帶有原罪，在根本上還是個罪人。奉行一切的律法，都不能保證人得以「稱義」，購買贖罪券，當然更屬無效。

這種「因信稱義」（justification by faith）的主張，跟拉丁文《聖經》翻譯的「因信成義」並不相同，後者的意義：是人因為信仰上帝而「變成」為「義人」。他根據這樣的理念，寫成《九十五條論綱》（95 theses），並於一五一七年十月三十一日，將之張貼在威登堡大學門口，嚴厲批判教會販售赦罪券。這時候，宋仁宗時代畢昇發行的印刷術已經傳入歐洲，並發展成為古騰堡活字印刷。路德的主張因此得以在德國迅速傳開，並且傳遍西歐。

一五一九年，查理五世出任神聖羅馬帝國皇帝，

加爾文

馬丁路德和《九十五條論綱》

有權統治日耳曼各邦，但日耳曼各邦國卻紛紛加入路德教派的陣營。一五二一年一月三日，教宗良十世下令將馬丁路德革除教籍。他所代表的教派因此稱為「新教」，與之相對的東方正教和西方天主教，則稱為「舊教」。受他直接影響的教會稱為「路德會」或「信義會」；除此之外，基督新教還因為教義解釋的不同，而衍生出包括加爾文派在內的許多教派，使歐洲陷入長年的宗教對立和紛爭。

宗教改革運動把神聖羅馬帝國的宗教分裂成三個主要派教：天主教、路德派和加爾文派，彼此不斷發生衝突。西班牙王室始終視國家為「神的工具」，誓死捍

奧格斯堡會議

衛天主教信仰，敵視新教。查理五世及腓力二世父子兩人持守嚴格的天主教信義，在一五二〇—一五五六年期間，查理五世身兼神聖羅馬皇帝。一五五五年，查理五世邀集各邦簽署《奧格斯堡宗教和約》（Religious Peace of Augsburg），訂下「教隨國立」的原則，允許日耳曼各邦君主在天主教或路德新教之間任擇其一，但邦內人民卻必須隨君主改變信仰。

第四節　荷蘭的商業帝國

查理五世的兒子腓力二世繼位之後，身為西班牙國王，其思想卻較其父更為狹隘。他因為宗教因素，支援奧地利，參與撲滅新教的戰爭，又在國內迫害並放逐善於營商的猶太及摩爾臣民，無形中扼殺了經濟發展，又

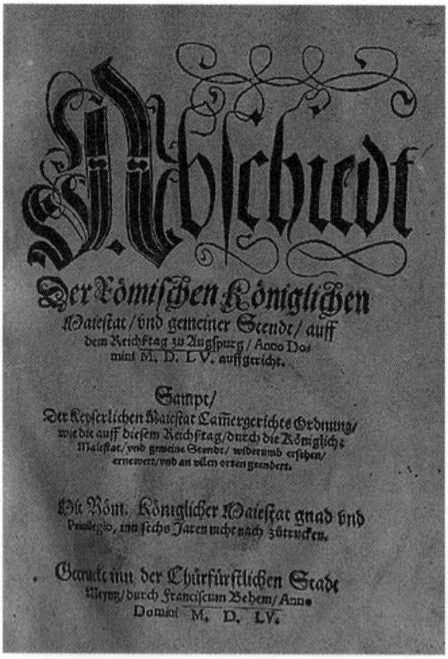

《奧格斯堡合約》教隨國立

引起改奉新教國家荷蘭的反抗。

八十年獨立戰爭

荷蘭位於歐洲大陸西北部，其領土有四分之一是公元一二〇〇年之後填海造陸所成，因此稱為尼德蘭（Netherland），其荷蘭語是「低地國」的意思。其東南與德國、比利時相接，面向北海，歐洲的主要河流大多由荷蘭出海，自古便是歐洲商業貿易與轉運中心。

一五一六年，荷蘭成為西班牙領土。腓力二世偏狹的宗教政策，引起改奉新教的荷蘭人反感。一五六六年，加爾文教派信徒在尼德蘭發動騷亂，西班牙派阿爾瓦公爵率兵到該地維持治安。尼德蘭的重要港口安特衛普，曾幫助西班牙獲得大量財富，西班牙政府必須全力維持他對尼德蘭諸省的控制。一五六八年，奧蘭治的威廉發動叛亂，引發了八十年的獨立戰爭。一五七二年，一群稱為「海上乞丐」的尼德蘭掠奪者，佔領了幾個尼德蘭沿海市鎮，他們支持奧蘭治的威廉，並反對西班牙統治。

一五七四年，在萊頓圍城戰中，尼德蘭人摧毀堤壩，導致海水氾濫，西班牙軍隊不得不撤退。一五七六年，腓力二世面臨嚴重財政危機。他旄下八萬大軍深陷在尼德蘭，公海海盜問題又日趨嚴重，使美洲殖民地帶來的收入減少。最後，他被迫宣布破產。不久，尼德蘭的西班牙軍隊叛變，奪取安特衛普，並開到原本和平的尼德蘭南部四處搶劫，使當地部分城市也陷入動亂。西班牙只好選擇談判，並於一五七九年訂立「烏特利支條約」（Union of Atrecht），使大部分的荷蘭南部省份恢復和平。

英國改信新教

英國原本信仰天主教。英王亨利八世在王室安排之下，與其寡嫂凱薩琳結婚，婚後凱薩琳多次流產，生下的孩子也大多夭折，只剩下一個女兒瑪麗。亨利八世藉此要求教皇批准自己離婚。

但西班牙公主凱薩琳是神聖羅馬帝國皇帝查理五世的姨媽，教皇不敢得罪查理五世，駁回了他的離婚

亨利八世

申請。亨利八世一怒之下，在一五三三年片面宣布離婚，並和宮女安妮結婚；教皇開除他的教籍，他乾脆改信基督新教！

他婚後生下一個女兒伊麗莎白。亨利八世是意志堅強的人，結婚三年後，王后安妮即因為其弟謀刺國王而被處斬首；為了阻絕來自歐陸的侵襲，他又創建了強大的海軍。

西元一五五三年，亨利八世的長女瑪麗一世繼位。她與西班牙國王腓力二世結婚，宣布恢復天主教，並燒死新教徒三百多人，因此被稱為「血腥瑪麗」。五年後，瑪麗一世去世，其同父異母妹妹伊麗莎白一世繼位，宣布恢復新教，跟西班牙徹底鬧翻。

伊麗莎白一世

無敵艦隊覆滅

一五八四年，奧蘭治的威廉被一名神志不清的天主教徒刺殺。這位深受尼德蘭人民支持的反抗軍領袖之死，並沒有讓戰爭結束。一五八六年，英國女王伊麗莎白一世出兵支持尼德蘭和法國的新教徒，英國海軍在加勒比海和太平洋攻擊西班牙商船，並主動進攻港口加的斯。為了制止伊麗莎白一世的干預，一五八八年，腓力三世派遣龐大的無敵艦隊（the Armada）遠征英國。當時天氣良好，英格蘭得到尼德蘭間諜的幫助，得以做好作戰準備。西班牙的艦隻笨重猶如一座堡壘，戰術上又依賴傳統的登船肉搏戰，相反的，英格蘭派出體型較小、行動敏捷的戰艦應戰，不只艦身輕便，而且艦上火砲可作長距離射擊，結果「無敵艦隊」損失慘重，鎩羽而歸。

率領英國艦隊打敗西班牙無敵艦隊的司令官德瑞克爵士（Sir Francis Drake，一五四〇—一五九六）是個十分傳奇的人物。他原本是海盜出身，在一五七三到

英國擊敗西班牙無敵艦隊

一五八〇年間，專門在海上劫掠西班牙和葡萄牙的商船，累積一千五百萬英鎊的財富，是當時英國王室歲入的三倍！伊莉莎白女王登基後，極力予以攏絡，於一五八一年登上他們船艦赴宴，並授予騎士爵位，希望他為英國海軍效力。德瑞克以大批贓物回報，女王以其中一部分償還國債，另外一部分則於一六〇〇年投資設立東印度公司，作為在亞洲擴展勢力的大本營。

女王與海盜的傳奇

東印度公司

荷蘭領袖奧蘭治的威廉之子、拿騷的茅理茲，是極有才略的軍事家。他在一五九〇年以後，連續攻奪數個邊境城市；西班牙派兵進攻荷蘭，卻因為在一六〇七年發生破產，只好和荷蘭聯合各省在一六〇九年簽署《十二年停戰協定》，荷蘭境內終於恢復和平，史稱西班牙和平（拉丁語：Pax Hispanica）。

在大航海時代，由阿姆斯特丹出發的船隻向東航行，途經非洲好望角，就可以抵達印度尼西亞群島，印尼群島也成為荷蘭海外殖民擴張的主要目標。

荷蘭是一個擁有強大海上運輸力量的商業國家，它對殖民地的掠奪，除了暴力劫掠和強制勒索外，主要是它的商業公司通過「商業活動」來進行。這種公司規模龐大、實力雄厚，由政府直接授予特權，可以擁有軍隊，代表國家，是一種具有國家職能的特殊機構。

一六〇二年三月二十日，荷蘭政府聯合東印度公司（Dutch East India Company）在阿姆斯特丹成立，荷蘭原文為Verenidge Oostindische Compagnie，簡稱「V.O.C」。東印度公司組織嚴密，直屬於荷蘭政府，接受任命授權。可以在國外用荷蘭國家名義與外國締約，開闢殖民地，設置軍事設備與進行戰爭，如同荷蘭國家在海外之分身。

東印度公司徽章

這家公司壟斷了荷蘭在東方殖民地的一切權益，包括強徵暴斂、使用奴隸勞動和進行強制性貿易，因此公司的收益極大，有時付給股東的紅利竟然超過了股本的金額。

荷蘭東印度公司以重商主義為指導方針，奉行「貿易即戰爭」的砲艦政策，它以強大的軍事力量，於一六〇三年至一六〇六年間擊敗葡萄牙，取得安汶島、班達群島等香料群島。一六一九年其艦隊打敗英國艦隊，簽訂《倫敦協定》，與英國採取既聯合又競爭的方式；除了貿易所得依荷蘭三分之二、英國三分之一的方式瓜分之外，為了共同抵抗葡萄牙人，又建立「防備委員會」，各派遣船隻成立聯合艦隊。

西班牙經濟崩潰後，最重要的依賴是海上貿易。在停戰後的二十年期間，荷蘭人一方面致力於發展強大的海軍，一方面破壞西班牙的海上貿易，跟西班牙在許多地方展開競爭。一六一九年，荷蘭人攻佔爪哇島上的雅加達，改名巴達雅亞（Batavia），屠殺島上居民一萬五千人，僅留下少數種荳蔻的工人，並以東印度公司的名義，對印尼進行殖民統治長達三百五十年。一六二九年，在尼德蘭佔領台灣南部之後不久，西班牙也佔領台灣北部，不過十六年後，又在尼德蘭的攻擊下撤出。

十七世紀中葉，荷蘭東印度公司在東南亞的勢力達到顛峰。它控制麻六甲海峽、壟斷香料貿易、佔領印尼群島的大部分土地。荷蘭也取代葡萄牙，成為最龐大的殖民帝國。

第五節　三十年宗教戰爭

《奧格斯堡和約》的簽訂，並沒有根本解決歐洲貴族因為宗教信仰和世俗利益所造成的各種緊張和矛盾。十七世紀初期，他們分別組成新教聯盟和天主教聯盟，彼此互不信任，最後終於爆發了一場持續三十年的宗教戰爭。

波希米亞戰爭

這場戰爭的導火線，是哈布斯堡家族任命的波希米亞國王斐迪南二世，強迫關閉兩座路德派教堂，引發新教教徒不滿。一六一八年五月二十八日，他們衝進布拉格王宮，將斐迪南派來的兩名欽差大臣從窗口擲入壕溝，並宣佈波希米亞獨立。翌年二月，波希米亞起義軍攻抵奧地利王國的維也納。身兼德國皇帝的斐迪南二世向天主教聯盟求助。在白山戰役中，天主教聯盟發動了一次猛烈的進攻，新教聯盟大敗，信仰基督新教的貴族在布拉格市集被處決，波希米亞各地新教徒的財產全部被充公，並由天主教徒瓜分。

德皇斐迪南二世想藉機消滅新教諸侯，加強王權，卻引起全歐忌憚。法國宰相黎胥留因此串連荷蘭、英國和丹麥結盟。一六二五年，丹麥國王率領六萬部隊，從北方殺入德意志，三十年戰爭由波希米亞階段進入丹麥階段。

這時候，出身波希米亞貴族家庭的華倫斯坦，說服斐迪南二世，授權他不擇手段招募兵勇，甚至不惜武力勒索諸侯，使他的軍隊快速增加到十萬，

波西米亞戰爭（**AD1619**）

法國宰相黎胥留

不僅將丹麥軍隊逐出德意志，甚至攻佔了丹麥大片領土。

華倫斯坦的理想是要建立一個強大的帝國。他因此說服斐迪南二世，在一六二九年與丹麥簽訂合約時，把佔領的土地還給丹麥。因此，當他的屢戰屢勝引起其天主教盟友的忌憚，他們藉口華倫斯坦主張寬鬆的宗教政策，說服斐迪南二世罷免華倫斯坦。

德意志的守護者

其後不到兩年，號稱「北方雄獅」的瑞典國王古斯塔夫二世，率領瑞典軍隊登陸德國北部，大敗天主教主力，掃蕩德國西南，進逼到奧地利附近時，斐迪南二世只好向華倫斯坦求救。華倫斯坦立刻集合一支人馬，北上對抗瑞典的新教軍隊。在一六三二年十一月的決戰中，古斯塔夫中彈身亡，三十

德意志的守護者華倫斯坦

年戰爭的「瑞典階段」才告一段落。

華倫斯坦建議：以兩教的和平共處，來建立德意志帝國，不僅斐迪南二世不接受，天主教諸侯更為不滿。華倫斯坦私下和瑞典秘密和談，又釋放了一些新教俘虜。斐迪南二世命令他去救援巴伐利亞，他走到半途卻按兵不動。

這時候，華倫斯坦已經成為德國人的眼中釘。一六三四年初，斐迪南二世再度將華倫斯坦免職，兩個月後，他自己招募的幾個士兵闖進了他的臥室，這位德意志帝國的守護者終於閉眼嘆息，束手被殺。

法國宰相黎胥留見狀如此，立刻動員十萬法軍，在瑞典、荷蘭和德意志新教諸

瑞典國王古斯塔夫二世戰勝神聖羅馬帝國（CAD1631）

侯的支持下，兵分五路，進攻德意志本土和西班牙佔據的尼德蘭，三十年戰爭進入第四階段的法國戰爭。

威斯特伐利亞和約

在以後的十年間，士兵們衝上戰場，投入戰鬥，不是高呼「聖母瑪利亞」，就是呼喊「上帝與我們同在」；軍隊把大城小鎮洗劫一空，又濫殺敵軍和平民。歐洲許多城市的人口減少了三成至六成。到了十七世紀三〇年代，執政的歐洲貴族終於明白：他們不能藉由武力達成制服敵人的目標。最後神聖羅馬帝國皇帝斐迪南三世、法王路易十三和瑞典女王克里斯蒂娜，一致同意在德意志威斯特伐利亞省的兩個城鎮召開和平會議。

經過五年的談判，參戰各國終於在一六四八年簽訂了《威斯特伐利亞和約》

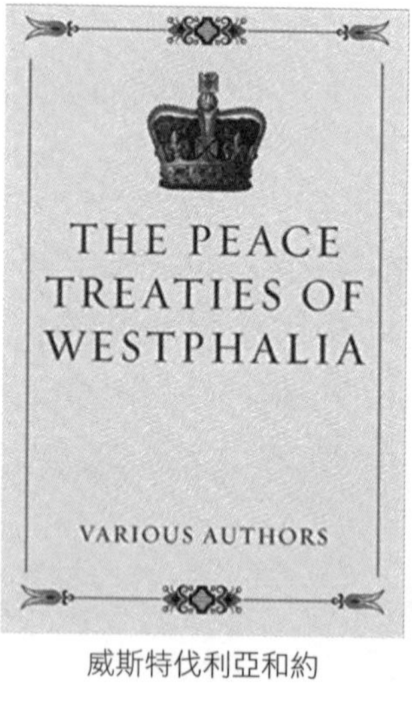

威斯特伐利亞和約

（Peace of Westphalia）。簽屬和約的各方都同意：互相尊重領土主權，也不干預別國的內政，由主權國家組成的近代歐洲從此誕生。

神聖羅馬帝國變成空殼，哈布斯堡家族的權力限縮在自己的領地；海戰、陸戰皆敗的西班牙，將海上霸主的地位讓給了荷蘭共和國；法國在戰爭中取得亞爾薩斯和洛林，成為歐洲霸主。瑞典則因為獲得鉅額賠款，成為北歐強國。

《威斯特伐利亞和約》簽訂會議

第三章　列強爭霸與殖民霸權

三十年戰爭之後的近代歐洲，形成了列強一面爭霸，一面搶奪海外殖民地的局面。本章先談十八世紀時，歐洲列強的爭霸，然後再分析：他們的爭霸如何影響他們對世界各地殖民地的爭奪。

第一節　歐洲列強群雄爭霸

西元一六二五年，出身蘇格蘭的查理一世登基為英國國王。蘇格蘭是天主教國家，英國卻已改信新教；當時歐洲正在三十年宗教戰爭期間，開戰之初，英國參加新教陣營，打了不少敗仗。從約翰王簽署《大憲章》之後，英國議會就有很大的權力，查理一世為了支應戰爭的支出，陷入進退兩難的困境：他要向富人增稅，英國議會不支持他；他家鄉的蘇格蘭人發動起義，打敗他的軍隊；大批民眾又走上街頭，支持議會，聲討昏君。他在妻子法國公主瑪麗亞的慫恿下，組織保王黨軍隊，討伐叛徒，挑起了內戰。

處死英王

這時候，議會方面推出農場主出身的克倫威爾，他從農民和手工業者中招兵買馬，嚴加訓練，組織「東部聯軍」，幾度擊潰保王軍，查理一世出逃到蘇格蘭，結果被蘇格蘭人出賣給英格蘭，送入監獄。

由貴族和資本家把持的議會「長老派」，在內戰中霸佔了保王黨和教會的土地財產，廣大士兵和民眾卻一無所獲，他們和

克倫威爾

把持軍隊的「獨立派」發生抗爭。西元一六四七年，克倫威爾帶兵政變，驅逐了「長老派」，鎮壓了「平等派」，而成為英國的獨裁者。

查理一世趁著議會內鬨，從監獄中逃出，糾集殘部，發動第二次內戰。這一次，他雖然得到蘇格蘭軍的支持，但克倫威爾不僅打敗保王軍，殲滅蘇格蘭軍，更把查理一世送上了斷頭台，成為英國歷史上唯一的「處死國王」事件。

光榮革命

西元一六五八年，克倫威爾死後，英國又陷入軍隊和議會各派勢力的抗爭。查理一世的兒子查理二世趁機回國復辟。他以圓滑的詭辯，勉強繼續平衡。

一六八五年，查理二世死後，其弟詹姆斯二世繼位。他希望天主教和新教能獲得平等對待，但議會卻要求把天主教驅逐出境。當時天主教的法國和新教的荷蘭正在打仗，議會決定迎合荷蘭執政威廉，他其實是詹姆斯二世的女婿。西元一六八八年，威廉率軍登陸英國，所有英軍都倒戈相迎，詹姆斯二世出走，投奔法王路易十四。

翌年，威廉夫婦登基成為英國國王和女王，分別稱為威廉三世和瑪麗二世，同時接受議會的《權利法案》，規定國王未經議會同意，不能收稅，也不能停止任何法律，使英國成為君主立憲的國家。由於未經流血打仗，成功變更國體，因此稱為「光榮革命」。

法國的「太陽王」

英國在進行「光榮革命」的時候，法國的國王是路易十四。他父親英年早逝，不滿五歲即登基，由太后攝政。三十年戰爭開打之後，財政支出浩繁，巴黎民眾暴亂，迫使他兩次出逃。西元一六六一年，路易十四掌權後，取消宰相一職，大權獨攬，關閉三級會議，恢復檢查官

法國路易十四

制度，對全國貴族及地方官進行監察，並不顧教皇的反對，宣布王權高於教權。

他不惜鉅資，耗用十年時間，在巴黎郊外建造金碧輝煌的凡爾賽宮，經常在裡面舉辦豪華的宴會，招待法國的貴族和歐洲的君王，讓貴族們迷失在跳舞狂歡的生活中，不再有心思和國王對抗，他因此贏得「太陽王」的稱號。

這位「太陽王」為了使法蘭西成為歐洲之霸，建立龐大軍隊，不斷發動對外戰爭。西元一六六五年，路易十四的岳父，西班牙國王腓力四世逝世，繼位的查理二世只有四歲，路易十四趁機以索取岳父遺產為名，發動「遺產戰爭」。這時候，昔日盟友荷蘭居然倒向西班牙，而英王查理二世又和荷蘭鬧翻，他又藉機收買英國和瑞典，發動「法荷戰爭」。

大同盟戰爭

一六七二年，法國大軍殺進荷蘭，西班牙、神聖羅馬帝國、丹麥紛紛出兵援救，荷蘭執政威廉也利用英國議會對新教的感情，拆散英法同盟。在這許多國家的圍攻下，「太陽王」仍然獲勝，分別和各交戰國簽訂《尼義根條約》，不僅獲得了許多土地，而且捨棄傳統的拉丁文，刻意以法文訂約，使法文成為主要的外交語言；他自己更成為歐洲各國，尤其是德意志諸侯們崇拜的對象。但也從此和荷蘭結為死敵。

神聖羅馬帝國、西班牙、荷蘭和瑞典不願讓法國獨享戰利成果，西元一六八六年七月，他們結成同盟；荷蘭執政威廉當上英王之後，也加入他們的陣營，一起發動「大同盟戰爭」。路易十四看情勢不妙，只好求和，並吐還先前《尼義根條約》佔領的大部分土地。

西班牙國王查理二世在三十八歲去世。臨終立下遺囑，由姊夫路易十四的孫子腓力來繼承西班牙王位。路易十四立刻把孫子送到西班牙登基，又宣布他將來也有繼承法國國王的權力。當時西班牙在海外有一千萬平方公里的土地，這讓德皇奧波德一世非常不滿，因為他也是西班牙國王的姊夫，同樣有繼承權！

西元一七〇一年，奧地利、英國、荷蘭、葡萄牙和普魯士一起聯手，攻打法國和西班牙。這場西班牙王位繼承戰，打了十幾年，最後法國戰敗，雙方簽訂合約，路易十四的孫子仍然得到了西班牙王位，但法國承諾：以後法國國王不再兼任西班牙國王。從此之後，西班牙淪為二流國家，奧地利卻分得了好幾塊經濟發達的領土。

到西歐學習的「彼得下士」

那個時代，彼得一世也在東歐開創俄羅斯帝國的霸業。他自幼喪父，四歲登基，由姐姐索菲亞攝政。長大成人後，姐姐不甘還政於弟，圖謀政變，被彼得一世挫敗，將她拘禁在修道院裡。當時俄國領土遼闊，但卻比歐洲遠為落後，而被視為「蠻子」。

西元一六九七年，他派出一個龐大的使節團，前往歐洲視察，自己冒充下士，混在其中，遍訪西歐的工廠、學校、博物館、軍火庫，還參觀英國的議會。回國後，鼓勵工商業，引入西歐技術人員，並派青年出國學習。他建立參政院，撤廢貴族階級的杜馬會議；重新劃定全國行政區，建立文官制度，並建立了一支新式軍隊。

長久以來，帝俄歷代君王都想為其疆土

彼得大帝

打通出海口，要想達成此一目標，往西北波羅的海必須面對瑞典，往西南的黑海，則必須對付鄂圖曼土耳其帝國。

打通俄國的出海口

瑞典當時是一等的強國，在一六五五年的「第一次北方戰爭」裡，瑞典獨立對抗包括丹麥、波蘭、奧地利、俄國和荷蘭的聯軍，戰果輝煌。一七〇〇年，瑞典國王卡爾十二發動「第二次北方戰爭」，打敗丹麥後，揮軍南下，進攻奧古斯特的領地。彼得二世趁機打通波羅的海，搶佔一塊土地，建了一座新城聖彼得堡，並加緊建造軍艦，訓練新式陸軍。

卡爾十二大怒，一七〇八年，他帶領瑞典的精銳部隊，進攻莫斯科。彼得二世卻採取堅壁清野的焦土

聖彼得堡

戰術，避免正面對決，而不斷後撤。嚴冬來臨，瑞典軍隊在俄國森林裡忍飢受寒，終於在翌年夏天遭到覆敗。

一七一二年，彼得一世將首都由莫斯科，遷往聖彼得堡，俄羅斯取代了瑞典，成為北方霸主。打通黑海的使命，則由其媳婦凱薩琳女皇來完成。

普魯士的「士兵王」

普魯士是德意志諸侯之一，位於今天的波蘭。其大選侯腓特烈一世在位期間，勵精圖治，建立完整的文官系統，並奠下良好的工商業基礎，但在外交方面，卻是見風轉舵，有利即圖；在三十年期間，他趁火打劫，落井下石。不惜背信棄義，出賣盟友。

西元一七一三年，腓特烈一世去世，其子腓特烈・威廉一世繼位。他生活簡樸，刻苦自勵，要求全國官吏和他一起勤儉建軍。當時普魯士人口二二四萬，在歐洲居第十四位，士兵多達八・五萬，居歐洲第四位。他又提倡「尚武精神」，灌輸士兵忠君愛國、嚴守紀律、吃苦耐勞、勇於赴死的精神，因此有人稱他為「士兵王」。

在他嚴厲的管教下，他的兒子腓特烈二世開始認真學習其父祖輩的軍士和政治理論。「士兵王」逝世後，繼位的腓特烈二世是少見的政治及軍事天才，他一方面適當地保護農民，一方面繼續發展工商業，獎勵發明專科，又開辦許多技術學校，促使經濟快速發展，但他又是堅持「權大於法」的獨裁者，把國家大權都收攬在自己手裡。

奧地利王位繼承戰爭

當時長期把持德意志皇位的哈布斯堡家族因為沒有男嗣，德皇兼奧地利大公查理六世頒布《國事遺詔》，希望自己的女兒繼承哈布斯堡君主之位，保有奧地利、匈牙利和波西米亞等傳統領地；神聖羅馬帝國的皇位，則由七位選帝侯共同決定。徵待多數諸侯同意後，法國也簽了字。

一七四〇年十月查理六世去世，他的女兒二十三歲的瑪麗亞・德蕾莎繼位奧地

瑪麗亞・特蕾莎

利大公。不料她的堂姐夫，巴伐利亞國王阿爾布雷希特卻要求讓自己當德國皇帝，並繼承哈布斯堡家族領地；他的表哥腓特烈二世也趁機向她索取西利西亞。

德蕾莎拒絕他的要求，腓特烈二世立即率領三萬大軍攻入西利西亞。一七四一年四月，普、奧兩軍開戰，奧軍戰敗後，剛分娩不久的德蕾莎向承認父皇詔書的諸侯求援，他們卻落井下石，連法國也背信棄義，一起聯手進攻奧地利。

德蕾莎不愧是女中豪傑，當年六月，她身穿匈牙利民族服裝，讓她的丈夫法蘭茲手抱六個月大的王子，一起到匈牙利國會發表演說。她含著眼淚控訴諸侯們的背信棄義，喚起了這些貴族的騎士精神，他們投票決定動員十萬大軍，保衛女王。

德蕾莎知道：即使奧、匈聯手，亦不足以抗拒「反奧同盟」，終於忍辱和腓特烈二世秘密和談，把西利西亞的一大塊土地讓給他，換取他退出戰場。

一七四二年十一月，聯軍佔領波西米亞。翌年二月，阿爾布雷希特加冕為「神聖羅馬帝國」皇帝，稱「查理七世」。但在同一天，德蕾莎的軍隊卻攻下了他的老巢，巴伐利亞首都慕尼黑，震驚歐洲。

「無恥的表哥」

在這個關鍵時刻，腓特烈二世再度撕毀協定，出兵攻入波西米亞。德蕾莎不得已只好再次和他簽約，把整個西利西亞都割讓給普魯士，換取普軍撤退。「反奧同盟」諸侯見狀，也跟著紛紛撤軍。

當法軍撤出波西米亞時，奧軍主力卻趁機追擊，攻入法國。法王路易十五見勢不妙，趕緊派人向特腓列二世求助。腓特烈二世權衡利害後，於一七四四年八月第三度入侵波西米亞，九月攻克布拉格，接著進軍維也納。這次德蕾莎不再求和了，她一面命令入法的奧軍回師，一面向匈牙利要了七萬大軍，兩面夾擊普軍。腓特烈二世原本指望法軍追擊奧軍，但法軍卻按兵不動。這位慣於出賣盟友的人，終於也被盟友出賣了一次。在背腹

腓特烈二世

受敵的情況下，只得撤回柏林。

一七四五年，德皇查理七世病故。臨終前要求後人跟德蕾莎和解，並同意讓她的丈夫法蘭茲繼任皇位。英國、荷蘭、薩克森紛紛和奧地利結盟。腓特烈二世把經濟發達的西利西亞收為己有，普魯士領土增加了三分之一，也想見好就收，雙方終於簽訂合約，這場持續七年多的「奧地利王位繼承戰爭」才宣告結束。

「逆轉同盟」

「奧地利王皇繼承戰爭」結束後，奧地利女大公德蕾莎開始勵精圖治，她制定新法典，重組政府機構，發展工商業，提高農民收入，實現全民義務教育，並改革軍制，建立軍校，組建戰鬥力較強的軍隊；普魯士的腓特烈大帝也利用新獲得的巴利西亞大肆擴軍，把軍隊增加到十六萬人。

這時候，他們的國際關係卻發生了一個出人意料的變化：法國一向是普魯士的盟友，而奧地利則和俄、英結盟。英法經過百年戰爭之後，成為世仇；英國首相皮特看到腓特烈二世是個見利忘義的傢伙，只要誘之以利，定能跟他合作；腓特烈二世看到奧地利和俄羅斯結盟，而英王又是他的舅舅，雙方一拍即合，遂在一七五六年簽訂「英普協定」，使奧地利和俄國大驚失色，法國也覺得自己被出賣了。

俄、奧、法三國立即在同一年中簽訂同盟！因為腓特烈二世在歐洲早已聲名狼藉，瑞典、西班牙、薩克森也紛紛加入，成為歷史上著名的「逆轉同盟」。

腓特烈大帝是歐洲著名的「戰神」，他在各國圍剿的威脅下，乾脆先下手為強，於一七五六年八月，親率七萬大軍，攻入薩克森，法、奧、俄三國同盟自動生效，歐洲「七年戰爭」正式爆發，百年後邱吉爾稱之為「真正的第一次世界大戰」。

歐洲「七年戰爭」

這場戰爭是以英國出錢、普魯士出兵的方式進行。開戰不久，薩克森君主就逃回波蘭，腓特烈二世擊敗奧地利援軍後，薩克森軍主力投降，腓特烈二世將之收編成自己的軍隊，又搜刮其倉庫，實力大增。他面對幾十萬聯軍的包圍，繼續大膽進攻，而且連戰連勝。一七五九年，他敗給了奧地利名將道恩元帥，「不可戰勝」的神話才宣告破滅。

他在妹妹的鼓勵下，又發揮鬥志，十一月，他在羅斯巴哈大敗法國和德意志的聯軍，接著又發揮集中兵力一翼突襲的戰術，用四萬人擊敗七萬奧軍，殲敵兩萬多人，一萬奧軍投降，自損僅六千人。後來拿破崙評論：僅此一役就足以使腓特烈名垂千古！

但是，雙拳難敵四手。在各國圍攻之下，普魯士人力面臨枯竭，經濟上早已出現危機，全靠英國輸血支持。一七六〇年，柏林一度被俄軍佔領，腓特烈二世的舅舅英王喬治二世去世，首相皮特下台。英國不願意支持這樣一場無止境的戰爭，要求他把西利西亞還給奧地利。

這時候，奇蹟出現了。一七六二年一月，俄國沙皇去世，繼位的彼得三世是腓特烈二世的崇拜者，他居然下令俄軍調轉槍口，對付奧軍！而且自己穿上普魯士軍裝，請求為普魯士效勞！

這個彼得三世在位五個月就被自己的妻子凱薩琳二世給幹掉了。凱薩琳的父親是普魯士的一位將軍，由腓特烈二世作媒，嫁給彼得二世的兒子。但兩人感情相當惡劣，不僅經常發生衝突，而且各有情人。彼得三世繼任沙皇後，凱薩琳生下了情夫的孩子，兩人衝突全面爆發，她乾脆先下手為強，發動政變，幹掉老公，自己登基成為凱薩琳二世。凱薩琳本是普魯士將軍的女兒，她嫁給彼得三世又是腓特烈大帝作的媒，所以他沒有開啟戰端，瑞典也因此退出戰局，在鄂圖曼土耳其帝國的威脅下，奧地利又受到牽制。西元一七六三年，各國簽訂合約，「七年戰爭」宣告結束。

帝國之夢

這位女沙皇生性風流，據說一生有幾十個情夫，最受寵幸的是軍官普譚金，後來成為她的心腹大臣。她早年時頗為好學，在啟蒙思想家的影響下，當過伏爾泰的筆友，資助法國思想家狄德羅。當政後，仿效特蕾莎，提倡文學創作，振興工商業；但卻加強官僚貴族的權力，深化農奴制度，把農奴制度強加

凱薩琳女皇

給烏克蘭人，並以武力鎮壓烏克蘭人的起義反抗。

在對外擴張方面，她勾結奧地利和普魯士，三次瓜分波蘭；同時對日益衰敗的鄂圖曼土耳其帝國下手。在第五次「俄土戰爭」中，打敗土耳其，打通了黑海的出海口，又迫使鄂圖曼土耳其的附庸克里米亞汗國「獨立」。第六次「俄土戰爭」時，土耳其調集數十萬大軍反攻，卻被俄軍擊敗，讓俄國兼併克里米亞和喬治亞。

凱薩琳二世在位六十年，為俄羅斯帝國擴張了六十萬平方公里的土地，比歐洲任何其他國家的面積都大！她在臨終前嘆息：「如果我能活到兩百歲，全歐洲都是俄羅斯的！」並吩咐給孫子取名「亞歷山大」，希望他能效法亞歷山大帝，建立一個超級大帝國。

第二節　大英「日不落帝國」

當歐洲列強在進行這場龍爭虎鬥的大混戰時，英國並不只是在隔岸觀火。它一方面在為這場大戰加火添柴，一方面佔領加拿大和印度兩大片殖民地，使英國成為「七年大戰」的最大贏家，奠立下「日不落帝國」的基礎。

其實這是英國長久以來的一貫作風。十七世紀中期，英格蘭已經在美洲建立多片殖民地，包括日後成為美利堅合眾國的十三州、加拿大的大西洋和太平洋省份，以及加勒比海上的一些小島嶼，例如牙買加、巴貝多及巴哈馬等，構成大英帝國的雛形。

盛產甘蔗的加勒比海地區，農業生產必須高度依賴奴隸工作，是英格蘭早期最重要、也最有利可圖的殖民地。美洲大陸南部的殖民地為英格蘭提供菸草、棉花和大米，北部則出產毛皮；從經濟角度上來看，並不像加勒比海島嶼那樣地對英格蘭有利，但是大片的可耕種土地，卻吸引了眾多的英格蘭移民。

產業革命與工業資本帝國

在這個階段，荷蘭是英格蘭主要的競爭對手。英國人不僅師法荷蘭人的管理制度與商業技巧，制定了「航海法」以獎勵航海貿易，更在工業技術上大幅超越荷蘭，使其海上艦隊的軍備佔有絕大的優勢。尤其是在經過十八世紀的產業革命後，其工業技術迅速發展，奠下雄厚的經濟基礎。

在爭奪海上霸權的四次英荷戰爭中，工業資本帝國的英國一再擊敗商業殖民帝國的荷蘭，荷蘭喪失了東印度群島的貿易壟斷權；在一七八四年的《巴黎協定》中，英國獲得印度洋上的自由貿易權，並佔得蘇門達臘西海岸，直接威脅到荷蘭在印尼群島的統治地位。一七五七年，普拉西戰役的勝利，讓英國東印度公司獲得印度孟加拉邦的統治權。

隨後，澳洲在一七八八年成為英國殖民地。它最早是英國犯人的流放地，一八四〇年紐西蘭成為英國殖民地，兩者均成為英國移民的另一目的地。這些殖民地後來都實現自治，成為羊毛和黃金的出口地。但在隨後一個多世紀的時間內，澳洲和紐西蘭土著的人口也因為戰爭與疾病銳減

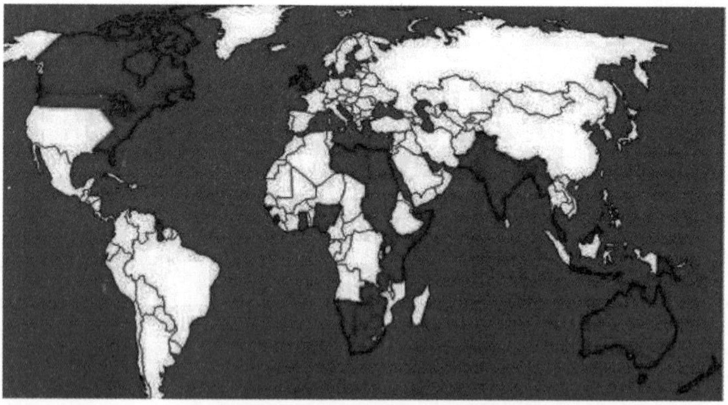

日本不落帝國英國的殖民地

六〇%至七〇%。

英法殖民地戰爭

英格蘭的美洲帝國也通過戰爭與殖民而不斷擴大。英荷戰爭的勝利，使英格蘭獲得新阿姆斯特丹（即今天的紐約）。之後，他們又不斷向西探索，尋求更多的可耕種土地。十七世紀初期開始，英、法兩國已經在北美北部發生摩擦。一六八九年，歐洲爆發「大同盟戰爭」，英主威廉三世跟荷蘭、神聖羅馬帝國（德意志）結盟，圍攻法王路易十四；北美也隨之爆發第一次英法殖民地戰爭，史稱「威廉王之戰」；雙方各自召集本國殖民者的民兵，並大量動員其印第安盟友，到對方的村鎮去燒殺擄掠。

進入十八世紀，歐洲列強大戰頻繁，「英法爭霸」則是貫穿其中的主線。每當歐洲爆發大戰，殖民地戰爭也隨之升級，直到歐洲簽署和約，殖民地才恢復平靜。一七〇一年，歐洲爆發「西班牙王位繼承戰爭」，法王路易十四的孫子當了西班牙國王，法國和西班牙結成盟友，向英國宣戰，三國在北美也展開第二次英法殖民地戰爭，史稱「安妮女王之戰」。

一七四〇年，歐洲爆發「奧地利王位繼承戰爭」，英、法又在北美展開第三次英法殖民地戰爭，史稱「喬治王之戰」；直到一七四八年歐洲大陸締結和約，北美戰火才隨之平息。

然而，停戰是暫時的，衝突卻是持續的。一七五五年，英國在北美殖民地出動大軍進攻新法蘭西；翌年又聯合普魯士，對抗法國、奧地利、俄羅斯和西班牙，在歐洲引爆「七年戰爭」。在開戰之初，法軍雖然屢戰屢勝，但英國在歐洲大陸利用普魯士，牽制法軍主力，又將大批部隊調到北美，持續增援；又逢用占優勢的海軍艦隊，阻斷法軍的援兵，法國領地也愈打愈小。一七六三年，歐洲「七年戰爭」結束，交戰雙方簽訂和約，加拿大密西西比河以東的土地卻被迫割讓給了英國。

波士頓倒茶事件

英國龐大的殖民體系，在十八世紀開始已經發生變化。在輝格黨人長期控制國內政治權力的一七一四年至一七六二年之間，殖民地對英國而言變得不那麼重要。當時英國已經打敗法國，占領了加拿大；又規定北美殖民地白人的活動範圍不得超過十三州之外的印第安人保留地，引發北美殖民地白人資產階級的不滿。英政府一連串試圖扭轉忽視殖民地的措施，包括通過《印花稅法》、《唐森德稅法》，企圖從殖民地徵收更多的稅收，導致宗主國和殖民地民眾的衝突對立。

面對殖民地民眾的抗稅行動，英國政府通過了一項法案，將英國東印度公司囤積的大批茶葉，以低稅銷售到北美，價格只有當地茶葉的一半，引起北美本地茶商和茶葉場主的強烈不滿，他們紛紛在紐約、費城等地攔截碼頭，不許英國船卸貨。一七七三年，麻塞諸塞州的波士頓港，幾十個本地人化裝成印第安人，旅行登上英國船，把大批茶葉直接倒入海裡。

「波士頓傾茶事件」消息傳到倫敦，英國政府大怒，通過一系列法令，授權當地英軍可

波士頓傾茶事件

以搜查民宅，取消麻塞諸塞的自治地位，並封鎖波士頓港。

消息傳來，各地反英組織紛紛組織民兵，準備反抗英軍。一七七四年九月，他們推派代表，在費城召開第一次大陸會議。這些當地富商、大地主和知識菁英組成的代表，決定要求英國政府取消那些法令，並撤走在北美的駐軍。

美國獨立戰爭

一七七五年四月，八百名英軍前往麻塞諸塞的萊辛頓鎮，準備徵收當地民兵的軍火庫，遭到當地民兵伏擊，死傷數百，剩下的也狼狽而逃。

「萊辛頓的槍聲」打響了北美各地的抗英行動。五月，北美各州代表在費城召開第二次大陸會議，決定聯合抗英，公推華盛頓為總司令，並在一七七六年七月四日發表《獨立宣言》。

獨立戰爭爆發之初，英國是世界頭號強國，人口接近一千萬；美國人口只有三百多萬，其中還有幾十萬的親英派；缺乏訓練的民兵，更不是英軍的對手。然而，英國是當時世界頭號霸主，世仇法國立刻拉攏西班牙、荷蘭，支援獨立軍，後來甚至派出軍隊，聯合夾擊英軍。

獨立軍總司令華盛頓，在二十多年前曾經在英法殖民地戰爭中，率領一隊英軍，挑釁法國人；這次卻是聯合法國和英軍作戰。他智勇雙全，屢次反敗為勝；一七八一年，他和法國的羅尚博侯爵率領一萬七千名美軍，將康華生將軍的八千名英軍圍困在約克鎮。康華生期盼英國艦隊能解圍，結果來的卻是法國艦隊。在海陸夾攻之下，康華生只好率眾投降。一七八三年，美、英簽署《凡爾賽和約》，英國承認美國的獨立，並把剛從法國人手中奪來的密西西比河以來的大片土地割讓給美國。

經濟自由主義及向亞洲的擴張

十七至十八世紀，英國在美洲的擴張時期稱為「第二英帝國」。英國在放棄對美

獨立宣言

洲殖民地的防務和行政管理之後，很快就恢復對美國貿易的支配作用。這個經驗讓英國人學到，對殖民地的政治統治，對英國的經濟獲利並不一定有舉足輕重的影響。重商主義是經濟學的理論，指的是國與國之間對財富的爭奪，它是英國第一次海外殖民擴張的特色。但是在「第二英帝國」時期，重商主義很快就讓位於亞當・斯密等人的經濟自由主義。

英國從北美殖民地獨立這一事件中學到的經驗是，即使是在不堅持殖民統治權的情況下，貿易依然能夠帶來經濟繁榮。所以在一八四〇至一八五〇年代，英國願意授予像諸如英屬加拿大和英屬澳大利亞等白人殖民地自治領地位，並將這些國家的白人視為是居住在殖民地的「祖國」人民。但英屬愛爾蘭則完全不同，它於一八〇一年被併入英國，全稱為「大不列顛及愛爾蘭聯合王國」。

美國獨立戰爭成功雖然使英國喪失北美洲十三個殖民地，一八一五年，拿破崙在歐洲大陸上最終戰敗，確立了英國的世界霸權地位。工業革命使英國成為無可爭辯的經濟強權，皇家海軍則主宰著海洋。十九世紀中期，東印度公司幾乎已經控制印度全境。一八四二年，第一次鴉片戰爭後，英國從中國人手裡奪得香港島。一八五七年印度起義之後，該公司管轄的領土被移交給英國政府直接管理；一八七六年，維多利亞女王宣佈為印度女皇。此後，亞洲的錫蘭（今天的斯里蘭卡）、緬甸和馬來西亞陸續被納入英國勢力範圍。

從一八一五年的維也納會議，到一八七〇年的普法戰爭，英國是全球唯一的工業化強權，是全球三成工業產品的生產地。作為「世界工廠」的英國能夠有效而且大量地生產工業品，在其國內生產的產品運輸到外國後，其價格依然比外國當地所生產的產品更具競爭力。只要維持海外市場的政局穩定，即使沒有實施殖民統治，英國依然能夠從自由貿易中獲益。

對華政策

英國對中國的興趣，可以溯源至十八世紀末。當時英國是中國茶葉主要的進口國。茶葉進口導致英國鉅大的貿易逆差，因此英國希望從印度向中國出口鴉片來平衡開支。這麼做違反了中國的禁令，也因此引起第一次鴉片戰爭，但英國戰勝了。在以後的第二次鴉片戰爭中，英國與法國聯手，再度獲勝，英國進一步取得在華特權。

鴉片戰爭之後，英國與中國保持著一種十分複雜的關係。英國雖然獲得香港，但是還是通過幾個開放的中國港口，進行英中貿易。中國人口太多，領土太大，英國很難佔領中國。因此英國希望維持中國的獨立，因為中國一旦崩潰，意味著其他西方強權就可能跟英國一起瓜分中國，使英國所擁有的特權地位受到挑戰。

同時，英國也不希望看到一個過於強大的中國，因為這就意味著中國可能要求重新協商原本簽定的一些不平等條約。這種態度可以解釋看起來似乎矛盾的英國對華政策：一方面協助清廷鎮壓太平天國起義，另一方面又和法國聯手，發動第二次鴉片戰爭。

第三節　美國的「擴張主義」

在國際政治學上，所謂「擴張主義」（Expansionism）是指通過軍事、外交及移民等手段，達到增加本國領土、殖民地或者主權的效果。在世界近代史上，全球最著名的「擴張主義」霸權國家，就是美國。

美國獨立戰爭成功之後，就是世界上走「擴張主義」路線的主要國家。美國領土的擴張，有些是向其他的帝國主義者購買，有些則是以武力訴諸戰爭，搶奪而來。第一類案例，以路易斯安那購地和阿拉斯加購地最為著名；第二類案例，則見諸於美國歷史屢見不鮮的戰爭。

路易斯安那購地

路易斯安那購地的標地，是密西西比河西岸今天美國中西部，由路易斯安那延伸到加拿大邊境的廣闊地區，其大小與北美十三州相當。它從一七六二年起成為西班牙的殖民地。十八世紀末葉，拿破崙在法國崛起，經過歐洲「七年戰爭」後，經由一八〇〇年簽署的《聖伊爾德豐索密約》，取得了路易斯安那的主權。

然而，由於法國在美洲的軍力不足，拿破崙派其妹婿帶兵前往聖多明各（現今海地）鎮壓革命，在軍事行動方面雖難有斬獲，卻因為混血帶兵官叛變，其主帥又染病身亡，使拿破崙頓感挫折。一八〇二年，英法「七年戰爭」開打，拿破崙在歐洲要建造艦隊，準備跟英國作戰，為了籌措龐大的軍費，他決定以一五〇〇萬美元的代價，將路易斯安那賣給美國，雙方於一八〇三年在巴黎簽約。美國以低於每英畝三美元的價格，購得這片土地，使其領土礦充了一倍。

一八〇三年，路易斯安那購地案，引起了美國和西班牙的邊界之爭。美國認為：西班牙的西屬佛羅里達也在購地範圍內，並要求西班牙交還土地。西班牙認為，路易斯安那購地的範圍只涉及紐奧良一帶，反對美國的要求。一八〇八年，拿破崙打垮西班牙的波旁王朝，並吞併西班牙。但法軍的殘暴激起西班牙人的起義，而持續發起游擊戰。西班牙出現將近十年的權力真空近，國內持續動盪不安，又因繼位問題引起內戰。

一八一〇年，西屬佛羅里達和密西西比河河口的路易斯安那剩餘土地發生叛亂，美國趁機派兵鎮壓原住民，向東擴張領土並大量移民。波旁王朝復辟，發現佛羅里達九〇%的土地已經被美國佔領，雙方只好在一八一九年簽署《亞當斯—奧尼斯條約》，西班牙以五百萬美元的代價，將十五萬平方公里的土地賣給對方。在十九世紀的前三分之一，西班牙失去很多殖民地，只剩下古巴、波多黎各、西屬拉美，以及偏遠地區的菲律賓、關島及鄰近的太平洋島嶼，還有撒哈拉、摩洛哥部分地區和西屬幾內亞。

墨西哥原本是西班牙殖民地，一八二一年宣布獨立。領土有四百餘萬平方公里。

其東北部的德克薩斯，面積達一百萬平方公里，地廣人稀，從一八二〇年代起，美國就開始往這裡移民，其中有不少南方的奴隸主，他們不只攜家帶眷，甚至牽著大群奴隸。到一八三〇年代中期，德克薩斯的四萬餘人口中，已經有八成以上是美國人，黑奴人數甚至超過本地人。墨西哥是天主教國家，政府禁止奴隸制，又規定民眾要繳交收入十分之一的稅金給教會，引起美國民眾的反抗。

一八三五年，雙方爆發武裝衝突，墨西哥獨裁者安納率領七千軍隊前往鎮壓，美國人則宣布獨立，建立「德克薩斯共和國」。一八三六年二月，安納率領的墨西哥軍圍攻阿拉莫要塞，駐守當地的二百餘名美國民兵頑強抵抗。要塞最後雖被攻陷，墨西哥軍卻也死傷慘重，德克薩斯的美國移民把阿拉莫戰死的民兵視為英雄烈士，高呼：「記住阿拉莫！」

安納仍不死心，他將主力分成五路，搜捕美國民兵。他自己帶領的一千二百人在聖哈辛河邊休息時，他自己也兵敗被俘，被押到美國，不待不和美國總統傑克森簽約，承認德克薩斯獨立。

墨西哥政府不承認德克薩斯的獨立，但卻沒有力量再向德克薩斯發動攻勢，雙方陷入僵局。一八四五德克薩斯共和國終於加入美國，成為美國第二十八州。美國總統波爾克下令泰勒將軍帶兵進入德克薩斯。他不顧墨西哥提出的撤軍要求，一直進軍到格蘭德河畔，並開始在那裡建築布朗堡。

一八四六年四月二十四日，美墨戰爭正式爆發。墨西哥騎兵進攻，並俘虜了一支美國在格蘭德河附近的部隊。衝突爆發後，波爾克要求國會向墨西哥宣戰。當時美國南部和民主黨的「擴張主義」者贊成戰爭，而北部和反戰的輝格黨則反對這場戰爭。五月十三日，美國國會決定向墨西哥宣戰。

宣戰後美國從多個戰線入侵墨西哥領土，泰勒領導的主力軍跨過格蘭德河。當時美國人口二千萬，墨西哥人口不過七百萬；而且雙方國力相差懸殊，雙方開戰後，墨西哥軍就一路潰敗。六月，加利福尼亞的美國移民

美墨戰爭阿拉莫之役

造反，成立「加利福尼亞共和國」，七月併入美國。翌年三月，美國海、陸並進，八月，攻入墨西哥中心地區，九月中旬，攻佔墨西哥首都。

美國領土大幅擴張

一八四八年二月二日美國與墨西哥簽署瓜達盧佩・伊達爾戈條約，美國獲取今天美國西南部的加利福尼亞、內華達、猶他的全部地區，以及科羅拉多、亞利桑那、新墨西哥和懷俄明部分地區，總共佔取了二百三十萬平方公里的空曠土地，而成為「太平洋國家」，墨西哥的領土則縮小為一百三十萬平方公里，大多為原住民聚居的人口密集地區。

繼路易斯安那購地之後，美國又以類似手法購得阿拉斯加，它是目前美國土地面積最大的一洲，人口卻只有兩萬人。一七四一年，俄羅斯探險家白令發現阿拉斯加後，很快就被沙俄併吞，成為俄屬北美殖民地。但當時俄國工業落後，並沒有能力開發阿拉斯加，反倒要增加駐軍費用。在一八五三——一八五六年之間的克里米亞戰爭中，沙俄被英法聯軍擊敗，國庫空虛；同時英國又加強它在北美殖民地的發展，沙俄一方面擔心失掉這塊易攻難守的空曠土地，一方面希望挑撥美國以牽制英國，因此決定出售阿拉斯加。雙方最後於一八六七年四月同意以七百二十萬美元成交，售地價格每英畝低於二美元，堪稱美國歷史上最划算的一筆交易。

太平洋的「霸主」

美墨戰爭使美國成為「太平洋國家」，購買阿拉斯加使美國進一步往西太平洋擴張其領土。一八五三年七月，美國東印度艦隊司令馬修・培里率領四艘日本人稱為「黑船」的軍艦，駛入江戶灣，要求日本開放門戶，促發本書第五章所談的「明治維新」。「黑船艦隊」離開日本之後，又到琉球勘察，並在基隆停留大約十日。回國後提出報告，認為台灣適合作為美國遠東貿易的中繼站。

翌年二月，培里再度率領七艘軍艦來到江戶

黑船

灣，脅迫幕府簽訂《日美神奈川條約》，歸國途中，又到那霸港，與琉球締結《琉美修好條約》。本系列書第二部「被出賣的台灣」一章中，將進一步說明：日本決定「脫亞入歐」，被美國視為亞洲國家近代化的「模範」，如何在美國人的「輔導」下，發動「牡丹社事件」；甲午戰爭後，美國公使田貝又如何說動李鴻章「以散地易要地」，把台灣割讓給日本。

更值得注意的是：在《馬關條約》簽訂後五年，美國就併吞了夏威夷，不久之後，又將菲律賓納為殖民地，一步步地成為太平洋上的霸主。

太平洋上的夏威夷群島，在一八一〇年統一成為一個王國。其後，日本和美國移民不斷移入，兩國展開爭奪。南北戰爭期間，夏威夷王室準備與日本合作，抗衡美國。一八九三年，一群美國人推翻夏威夷王國，組成了一個「國家

夏威夷女王

安全委員會」，強迫夏威夷女王退位，並控制夏威夷政權。美國政府並派遣海軍陸戰隊到夏威夷群島，執行所謂的「中立行動」，一八九四年，他們建立了「夏威夷共和國」。一八九六年十一月，麥金萊贏得總統選舉，他說服國會支持美國的擴張，並在一八九七年簽定一項條約，正式兼併夏威夷共和國。

菲律賓革命

從一六五六年菲律賓淪為西班牙殖民地，前後三百年，到了十九世紀末期，民族主義情緒高漲，反殖民抗爭愈形激烈。一八九八年八月，波尼法秀領導的秘密組織「卡蒂普南」（Katipunan）在馬尼拉發動起義，各地起義軍蜂起響應，進攻西班牙殖民軍。

翌年西班牙從國內調來的援軍抵達，革命陣營內部發生分裂，代表地主資產階級的阿奎納多篡奪領導權，殺害波尼法秀，並與西班牙殖民軍妥協，逃亡香港。但各地起義軍堅持戰鬥，幾乎佔領菲律賓全境。

一八九八年四月，美西戰爭爆發。五月，阿奎納多乘美艦返回菲律賓，並於六月十二日宣告獨立，建立第一共和。美軍同時在菲律賓和古巴向西班牙軍開戰，西班牙屢遭敗績，四個月後，雙方簽署《巴黎條約》，讓古巴獨立，把波多黎各和關島割讓給美國，並以二千萬美元的代價把菲律賓全島售予美國。

裝成朋友的敵人

然而，菲律賓人很快就發現，美軍是「裝成朋友的敵人」，他們先幫助菲律賓打敗西班牙，其實是想佔領菲律賓。一八九九年二月，美國和菲律賓共和國爆發戰鬥，當年六月二日，菲律賓共和國正式對美宣戰。對美國人而言，西班牙是「強弩之末」，美西戰爭可以速戰速決。可是，美菲戰爭卻是一場「泥沼戰」。打了五年多，到一九〇二年七月四日，菲律賓宣佈投降。

但在菲律賓各地，卡蒂普南組織摩洛族人、和普拉漢

建立菲律賓共和國的阿奎納多

（Pulahan）信徒仍然不斷對美軍發動抗戰，美軍的鎮壓造成當地人民慘重的傷亡。直到一九一三年六月，戰爭才全部結束。

這場戰爭和美國的占領，改變了菲律賓的文化形態。在這段期間，大約有三萬四千至百萬菲律賓人民傷亡，但正確數字卻無從估算。西班牙殖民時期，作為國教的菲律賓天主教，依政教分離的原則，脫離了政府體制；同時規定以英語作為政府和某些企業的主要語言。一九一六年，美國給予菲律賓自主權，並承諾最終將成立自治政府。一九四一—一九四二年間日軍經過猛烈戰鬥，佔領菲律賓。一九四二年底盟軍展開反攻，直到一九四六年，第二次世界大戰結束，美國才承認菲律賓獨立。

中國的「擴張主義」？

今年六月二十五日，蔡英文在幾小時內接連對《法新社》記者及台灣民主基金會發表談話，兩次她都直呼「中國」，不再使用「中國大陸」，表示她已經不在乎「中國」一詞所隱含的「一邊一國」意義，更奇特的是：她還呼籲國際社會上，「共同價值」理念的國家，和台灣聯手防禦「中國擴張主義」、「中國霸權」。

了解台灣政情的人都不難看出：二〇二〇選舉將屆，這是蔡英文炒作兩岸關係的標準語言。國際社會很少會有人把她的「呼籲」當一回事，因為她的這一套，主要是說給台灣「墨綠」的選民聽的。即使如此，她的說法經得起歷史的檢驗嗎？

從客觀歷史的回顧，我們可以很清楚的看出：美國的歷史正是有北美十三州往西實踐擴張主義的歷史，在二十世紀初期，美國已經成為太平洋國家中唯一的霸權。反觀中國近代史，從第一次鴉片戰爭失利之後，中國就進入「百年羞辱」的世紀，對外戰爭幾乎每戰皆敗。台灣割讓給日本，是一八九五年甲午戰爭的結果，今天兩岸關係之所以複雜難解，根本就是歷史留下的後遺症。在這樣的歷史脈絡下，自身疆土尚且難保，哪裡談得上什麼「擴張主義」、「霸權」？

在二〇一三年十月的「周邊外交工作談會」上，習近平主席以「親、誠、惠、容」四個字說明中國特色的周邊外交理念。二〇一八年六月二十七日，習近平在北京接見美國國防部長馬提斯時，特別強調表示中國「不會走擴張主義和殖民主義的道路」。「自古知兵非好戰」，「老祖宗留下來的領土一寸地也不能丟，別人的東西我們一分一毫也不要」，很貼切地表明中國對「擴張主義」的基本態度。

第四章　鴉片戰爭與林則徐

十八世紀末，工業革命促使英國的資本主義不斷擴張，英王喬治三世為了尋求海外市場，看上了中國這個古老的龐大帝國。而於一七九二年派遣馬嘎爾尼（George Macartney，一七三七—一八〇六），率領了一個龐大的使節團，帶了東印度公司董事長弗蘭西斯・巴林爵士（Sir Francis Baring，一七四〇—一八一〇）的信以及許多禮物，乘坐東印度公司的三桅帆船「獅子號」、「印度斯坦」號、和小型護衛艦「豺狼號」來到澳門。

馬戛爾尼

當時中國官員呈給乾隆的奏書宣稱：使節團是來「納貢」的，乾隆下令給予高規格的禮遇。不料使節團到了北京，卻因為覲見皇帝的禮儀以及要求開放舟山、寧波、天津等地通商，並在廣州劃一小島供國人使用，而遭到乾隆的拒絕接見。

中國的虛實

當時使節團雖然沒有達成外交和經濟目的任務，但是他們為了滿足英國民眾對中國潛在市場的好奇，到中國各地旅行時，卻作了各式各樣的紀錄，其中至少九人留下日記或見聞錄，英國藝術家威廉・亞歷山大並繪製了數百張精美圖片，描繪中國社會的風土人情，他們出版了好幾本見聞錄，成為當時英國人認識中國社會的重要管道。

當時亞歷山大所描繪的圖像，包括中國乾隆皇帝和他們打交道的中國文武官員、軍事設施、城樓、碉堡、戰船、士兵等等。他們對中國軍隊的評價甚低，認為中國軍隊訓練差，軍事策略落伍，使用的火槍也十分落後。他們難以理解的是：中國人的智慧實際上可以生產與歐洲一樣優秀的武器，為什麼中國政府仍讓他們的軍隊使用拙劣的裝備？

他們不了解的是：在滿清皇帝的統治之下，中國社會其實是個「沒有兵的文化」。滿州人的「八旗」，已經成為坐享優裕的統治階級，漢人組成的綠營，也是不堪一擊。尤其是在科舉制度的箝制之下，中國政府只有文官，沒有武將。當英國人看清中國的虛實而發動「鴉片戰爭」時，負責迎敵的是大臣林則徐。

第一節　歷練與厭倦

林則徐（一七八五－一八五〇）福建侯官縣人。父親林賓日為私塾教師，幼時家貧，由父親謀學費。九歲時在學堂上寫出「海到無涯天作岸，山登絕頂我為峰」的詩句，震驚四座。十四歲孜取秀才，河南永成縣知縣鄭大瑛認為此子將來必成大器，當年即與其女鄭淑卿訂婚。

林則徐

成年後入鰲峰書院就讀，在名教育家鄭光第指導下，修習諸子百家思想，致力於「經世致用」之學。嘉慶九年（一八〇四），參加鄉試，中第二十九名舉人，並與鄭淑卿完婚。年底前往京師參加會試不第，返鄉開設「輔梅書屋」，開班授徒。

官場的的歷練與厭倦

一八〇六年，林則徐擔任廈門海防周知書記。專責處理商販洋船來往有關米糧兵餉的文書記錄。當時廈門鴉片走私問題嚴重，歷任海防周知多為貪官汙吏，外商賄賂成風。林則徐才清楚認識到官商勾結的技倆，以及鴉片問題的嚴重性。

任內他受到福建巡撫張師誠賞識，張師誠不祇傳授他官場權術，而且帶他隨同前往鎮壓海盜蔡牽，使他增加了許多歷練。

嘉慶十六年（一八一一年），林則徐終於考中進士，兩年後入翰林院任庶吉士。翌年加入由低階京官組成的宣南詩社，結交黃爵滋、龔自珍、魏源等人，成為士人領袖。

嘉慶二十五年（一八二〇年）二月，林則徐任江南道監察御史。河南南岸河堤缺口，河南巡撫琦善辦事不力，引發大水災。琦善為滿洲貴族，林則徐向嘉慶帝直奏琦善的無能，得罪權勢，導致同僚猜忌，林則徐因此厭倦官場。道光元年（一八二一年），以父親病危為由，辭官回鄉。

第二節　鴉片為患，虎門銷煙

一八二三年林則徐擔任江蘇按察使，在任期間澄清江蘇吏治，改革審判程序，親自裁決案件。在短短四個月任內，就處理了江蘇積壓案件的十之八九，被當地人民稱頌為「林青天」。他認識到江蘇風氣敗壞，主要是因為鴉片害人，於是下令江蘇禁煙。

從一七八一年開始，英國東印度公司對華輸出大量鴉片，在一八二一到一八三七年之間中英

英向中輸入鴉片

鴉片貿易量增加了五倍，鴉片問題空前嚴重。儘管一七二九年清政府就已下令嚴禁，但鴉片一直屢禁不止。不僅給中國帶來嚴重的社會問題，而且導致白銀外流，引起通貨膨脹，使清廷財政枯竭。朝野上下，禁鴉片的呼聲日趨高漲。

一八三八年六月二日，「遇事敢言」的鴻臚寺卿黃爵滋上奏，為解決鴉片問題直言獻策。道光帝本人惜財尚儉，他曾吸鴉片成癮，後來悟道：「此物不禁絕，使流行於內地，不但亡家，實可亡國。」因此將奏摺下發各地將軍督撫討論。時任湖廣總督的林則徐表態支持嚴禁鴉片，並率先動作，在湖北起獲煙膏煙土一．二萬餘兩。十一月琦善亦上奏稱其在天津拿獲鴉片十三萬兩，這是自禁菸以來查獲煙土最多的一次。促使道光帝決心禁煙。

鴉片害人不淺

欽差大臣查禁鴉片

一八三八年十一月九日，道光帝召林則徐入京，七天之內召見八次，每次密談約一個半小時間。十二月三十一日，林則徐被任命為欽差大臣，前往廣東節制水師，查禁鴉片。

翌年三月十日，林則徐抵粵，廣東高官皆來迎接。林則徐首先參觀越華書院，並提寫一副對聯以明志：「海納百川，有容乃大；壁立千仞，無欲則剛」。

廣州為中國當時唯一的對外窗口，林則徐一來即展開雷厲風行的禁煙活動。他先派人蒐集情報，查訪與外商打交道的人，外國商館和鴉片走私犯。當時清政府不屑於與外國人直接打交道，一切指令皆是透過中國的行商傳達。林到達廣州的八天後，即召來十三行的行商，要他們責成所有外國商人，三日內交出全部鴉片，並簽具結書，聲明以後不販鴉片，否則「一經查出，貨盡沒官，人即正法，情甘服罪。」

然而三天後，外國商人並未遵令。於是林宣告：「若鴉片一日未絕，本大臣一日不回，誓與此事相始終，斷無中止之理。」

封鎖十三行與虎門銷煙

外國煙商採取拖延手法，聲稱要成立委員會，詳加討論後七日內回覆。林則徐非常氣憤，限令外國煙商依時交出鴉片，否則翌日親到十三行，先拿一、二名行商開刀問斬。當他得知大鴉片商蘭士祿・顛地（Lancelot Dent）鼓動拒交鴉片，立即下令傳訊顛地。

三月二十四日，林則徐得知英國駐華商務總監查理・義律（Charles Elliot）幫助顛地逃跑，下令斷絕通商，封鎖商館。十三行內所有華人搬出，商館區內三百餘名外國商人都被關禁閉。

五月二十五日，義律冒險進入商館，林則徐向他發出最後通牒《示諭外商速交鴉片煙土四條稿》。義律終於勸告英商於二十八日早上六時，讓他以英國政府的名義，向清政府上交鴉片兩箱。

一八三九年四月十日，林則徐、兩廣總

查理・義律

督鄧廷楨及廣東海關監督豫坤乘船到達虎門，會同廣東水師提督關天培驗收鴉片。五月十二日，民間繳煙完畢，拘捕吸毒者、煙販一千六百人，收繳煙膏四十六萬、煙槍四萬二千餘桿，將蘭士祿•顛地等英國商販驅逐出境，義律亦將十三行的英國人撤到澳門。

林則徐奏請道光帝同意，於六月三日用「海水浸化法」在虎門公開銷煙。當時外國人大多不相信林則徐能銷毀所有鴉片，許多美國傳教士、商人、船長前來觀看。林則徐乾脆開放他們進入池邊，讓外國人觀看全部銷煙過程，並加講解。讓他們心悅誠服，有些人甚至向林則徐脫帽致敬，道光得知，認為「大快人心」。

林則徐銷毀鴉片

林維喜事件

一八三九年六月二十日，英國水兵在九龍毆斃華人林維喜。林則徐命新安縣知縣梁星源查辦，要求義律交出兇手，但義律以領事裁判權為由，要求私自開審兇手。林則徐依照美國醫生伯駕和袁得輝合譯的《萬國公法》，查明義律根本沒有治外法權，要求他交出兇手，由「官憲審辦」。八月十二日，義律在英船上開庭，對五名兇手輕判罰金和監禁後，便送回英國監獄服刑，事後才通知中國官方。

林則徐震怒，八月十五日，下令再次封鎖澳門，八月十七日，勒令義律交出兇手，並勒令澳葡政府將所有英國人驅逐出境。

一八三九年八月三十日，英國軍艦四艘開抵廣東，九月四日義律帶領一隻兵船到九龍，要求購買食物不遂，中午，英艦在香港九龍海域，向中國水師開炮，中國師船砲台還擊，九龍之戰爆發，戰役歷時一個半小時，英軍彈藥用盡，敗走尖沙咀。林則徐宣稱將令師船圍拿兇犯、煙犯，火燒英船；但義律認為林則徐缺乏一支強大的軍隊，並不畏懼。

戰敗後，義律要求重開談判，聲稱英國煙商同意不販鴉片，一查出夾帶鴉片，即可沒收。已具結者，可自由貿易，不具結者，中方亦在沙角搜檢，不合作的英國煙商限三日內驅逐回國。林則徐認為：如果不具結者可貿易，禁煙之舉必前功盡棄，因此要求以具結和交兇為必要前提。結果談判破裂，義律把五名兇手送回英國。

第三節　鴉片戰敗，遣戍新疆

儘管與義律的談判破裂，但有兩艘英國商船同意具結，林則徐立即允許正常貿易，給予特別保護。義律非常不滿，十一月三日，下令軍艦窩拉疑號和海阿新號在穿鼻洋上，用武力迫使兩船折返。水師提督關天培出而查究，窩拉疑號突向中方軍隊發炮，穿鼻之戰爆發。

此後一周，英國兵船與中國砲台互轟，事後義律宣布：以兵力禁止英船進口，林則徐亦在一個月後對英實行封港。道光得知海戰消息，宣布：「所有該國船隻，盡行驅逐出口，不必取其具結，其毆斃華民兇犯，亦不命令其出交」。

這時候，英國商人組成的「印度與中國協會」在倫敦鼓勵輿論，強調鴉片貿易對於英國的利益，要求中國開放沿海及長江港口，並割讓島嶼一處，讓中英商人待以直接交易。他們並誇大英國官民在廣州受到暴力挾制，失去自由，飲食斷絕，幾乎餓斃。四月初，英國國會終於以極微的多數，通過外相巴麥尊的建議，決定對華用兵，但英國政府認為對華用兵，只是「報復」，而非「宣戰」。

收集敵情，募兵備戰

當時中國軍備廢弛，紀律散漫，所用武器不外弓、矢、刀、戟、藤牌、鳥槍、扛砲，「全國七十萬眾，未必一千合用」，至於水師，英國人認為：「兩艘軍艦即可將其趕散」，「中國之敵外國，不過紙上談兵」。

中英貿易斷絕之後，林則徐更密切注意世界局勢，他組織一支翻譯隊伍，專門翻譯外國報紙和外國書籍。他們翻譯了《澳門月報》、英國商務總監戴維斯著的《華事夷言》，傳教士地爾窪牧師著的《對華鴉片罪過論》，慕瑞著的《四洲志》，及其他軍事書籍。

同時，他亦親自接觸外國人，向美商、傳教士、商船船長詢問英國的情況，並接觸英國海員，了解英國對禁煙的看法。接著他又再寫了一封致維多利亞女王的照會，由湯姆士・葛號船主帶往倫敦，刊登在《泰晤士報》上。

一八四〇年元月五日，林則徐接任兩廣總督。他得知英國軍隊異動，便加緊改裝早前購入兩艘洋艦，同時搜集戰船資料，仿製英國軍艦，並會同關天培校閱水軍，重用英國人懼怕的海盜、漁民、蜑戶，由外商、鹽商、潮商支付用費，沿海人民紛紛應徵。根據外商的紀錄：「林正忙於訓練三千個兵丁，其中三分之一是雙刀手。這種雙刀有二尺多長，在刀鞘中時看起來很笨重，刀柄略彎，護手長約二寸。雙手持刀，刺擊削切，揮刀飛舞，上下左右，同時並呼喊叫罵，面作惡容，以威嚇敵人。林對於這些人，具有很大信心。」

舟山失陷，林則徐革職

英國政府任命義律的堂兄喬治・懿律為全權代表，率領遠征軍於一八四〇年六月二十二日出發，總共有軍艦十六艘、武裝輪船四艘、運輸艦二十八艘。士兵四千人抵華後，即封鎖廣州海岸，並打算攻打虎門。但林則徐早有準備，於澳門、虎門、尖沙咀及內河要道設重兵駐守，加上廣州海岸多淺水暗礁的天然屏障，英軍無隙可入。數艘封鎖廣州海岸，其他軍艦北上閩境。

七月二日早晨，英艦開往廈門，要求上岸，遭拒後向岸邊發炮，被廈門守軍擊退。林則徐隨即向江蘇、浙江二省通知英軍入侵的消息，但兩省大吏卻不採信，完全未做抗敵準備。結果使英軍於七月五日輕易佔領舟山定海縣，掠財屠城。

八月十一日，英軍主力駛到天津大沽口外，遂交《巴麥尊照會》，限令清廷十日內善妥處理照會內的要求，否則就封港口、截船隻、佔島地。琦善夥同穆彰阿、伊里布等，一向與林則徐有過節，他們向道光帝誇大英軍軍力，誣指林則徐允許煙片販賣後又反悔禁煙，激起英國發動戰爭，將所有戰爭

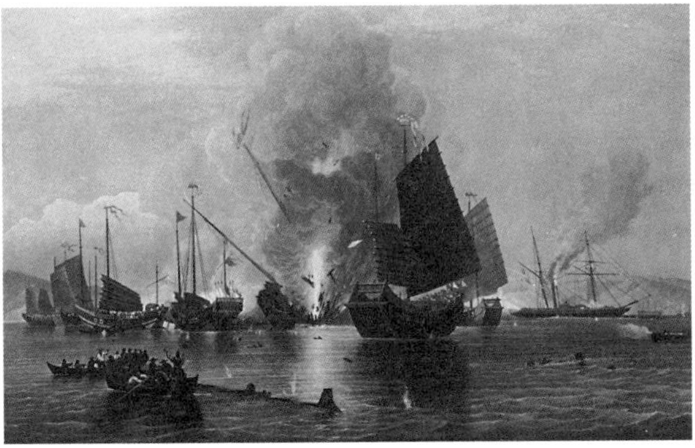

鴉片戰爭

責任歸咎林則徐身上。

道光帝因此在奏摺中譴斥林則徐：「外而斷絕通商，並未斷絕；內而查拿犯法，亦不能淨，無非空言搪塞，不但終無實濟，反生出許多波瀾，思之曷勝憤懣！看汝以何詞對朕也！」

道光帝命琦善當欽差大臣往廣東查辦，向英方交涉，琦善只想革職林則徐了事，而對英方的要求予以閃避。英方不許，派軍船駛往山海關一帶示威，道光帝命清軍不得反抗，露出妥協之意。最後，琦善只同意對林則徐革職查辦，英軍考慮氣候、補給等因素，亦退兵南下，道光帝因此對琦善表示嘉賞。

林則徐知道事情已無法挽回，他自請去浙江前線將功折罪。結果道光帝將他革去兩廣總督一職，由怡良署任，直到新任兩廣總督琦善到來。一向支持林則徐的鄧廷楨亦被革職。林則徐去職的消息引起中外轟動，西報連連發表社論討論事件，甚至為他的去職表示惋惜，認為：「林公自是中國的好總督」。琦善到任後，於一八四一年元月二十日與義律擬訂《穿鼻草約》，其中一項條款就是割讓香港島給英國。

關天培殉國，琦善獲罪

道光帝得知英軍不肯離開定海，而且繼續進攻沿海，於是又命林則徐及鄧廷楨「協理夷務」，琦善禮節性拜會林則徐，希望他轉向主和，但林則徐反應冷淡。

琦善一直隱瞞割讓香港島給英國一事，但義律、馬禮遜、伯麥等人不等草約簽定，就宣布佔領香港。怡良得知後非常震驚，告訴林則徐。林則徐勸怡良向道光帝彈劾琦善，才能保住香港島。奏摺在林則徐潤色後，尚未上呈道光帝。即已傳出琦善將於二月九日正式簽訂《穿鼻草約》，廣東士紳聞訊後，聲討琦善，廣東的高級官員也站在怡良一邊，琦善不敢冒然簽約。

林則徐知廣東士氣渙散，自己仍可「協理夷務」，他鄭重建議琦善抓住戰機，公布道光帝上諭，組織民眾迎擊敵軍，但林則徐所有提議皆被琦善一一否決。

二月二十五日，英軍進攻虎門，關天培、麥廷章親自督軍，但由於士氣渙散，靖遠炮台、鎮遠炮台、威遠炮台失陷。林則徐和鄧廷楨急求琦善出兵救援，可惜援兵來得太遲。橫擋炮台、永安炮台、鞏固炮台亦告失陷，關天培、麥廷章以身殉國。英軍北攻廣州，勢如破竹，琦善無可奈何，答應義律的條款。

但道光帝從怡良處得知香港島被琦善私自割讓，下令將琦善革職鎖拿，押京治罪，家產查抄入官。改派湖南提督楊芳主持軍事。但楊芳昏庸無能，道光帝最後將楊芳連帶怡良一同革職，五月一日，命林則徐以四品卿調任浙江。在英國方面，外相坦普爾不滿義律在《穿鼻草約》中得益太少，撤銷義律職務，改派璞鼎查擔任商務總監。

承擔罪責，遣戍新疆

兩江總督裕謙是林則徐的故友。他向道光帝要求由林則徐負責浙東防務。林則徐大力仿製西洋炮船、西式武器，與龔振麟創製車輪戰船。道光帝派奕山為靖逆將軍，赴廣東指揮作戰。英軍隨即進攻廣州，以死九人的代價，擊敗二萬中國軍隊，奕山向英軍投降，簽訂《廣州協定》，率部撤離廣州，向英軍支付了六百萬銀元的贖城費。清廷卻要林則徐及鄧廷楨承擔戰敗罪責，林則徐被革去四品卿銜，遣戍新疆伊犁。

林則徐出發前會見了魏源，把自己搜集的《四州志》以及有關的資料交給他，希望他編撰介紹西方的著作，這就是後來的《海國圖志》。一八四一年七月十四日，林則徐由鎮海出發赴新疆，抵達蘇州時，八月十九日即收到清廷命令要他折回開封祥符治水。

第四節　新疆墾荒，防範外患

和他一同治水的軍機大臣王鼎，對林則徐革職放逐一事深感憤慨，他希望以林則徐能以治水將功贖罪，得以被重新起用。林則徐曾任河南官員，很受當地士紳歡迎。他日夜趕工，完成大垻工程，卻積勞成疾，染上脾泄之疾。王鼎向清廷要求復用林則徐，但清廷卻要林則徐儘快赴戍伊犁。一八四一年十月十日，林則徐得知兩江總督裕謙在對英戰爭中殉國，他對自己一無作為而深為嘆息。

林則徐二月離開祥符，三月初抵洛陽時，他又得知另一不幸的消息。王鼎回京覆命，向道光帝力薦林則徐，另一位軍機大臣穆彰阿卻百般阻礙。道光帝決定不納王鼎之議，王鼎氣極，回家自縊，向道光帝屍諫。林則徐聞訊後，悲慟難抑，至西安時大病一場，在西安滯留兩個多月。

南疆墾荒，潛心防俄

一八四二年八月十一日，林則徐再啟程。《大清律例》規定林則徐被迫和妻子、長子、兒媳、女兒分開，唯帶二子、三子同行。在與家人告別時，林則徐寫下了一首燴炙人口的《赴戍登程，口占示家人》：「力微任重久神疲，再竭衰庸定不支。苟利國家生死以，豈因禍福避趨之？謫居正是君恩厚，養拙剛於戍卒宜。戲與山妻談故事，試吟斷送老頭皮。」從西安到伊犁，行程花費近四個多月。

林則徐一到伊犁，早先來到的鄧廷楨，伊犁將軍布彥泰及參贊大臣慶昌皆派兵丁迎接，第二天更派人送來米麵、豬羊、雞鴨等等食物。林則徐就在城南鼓樓前東邊的寬巷中定居下來。布彥泰和慶昌自此常來請教林則徐，討論有關邊防問題。道光帝也賜給他賴以謀生的土地，讓他能藉收租維持生計。

林則徐是流放罪臣，布彥泰破例將只准高官才能閱讀的《京報》給他借閱，讓他了解政治局勢。早在廣東時，林則徐閱過外國報紙，對俄羅斯帝國已有一定認識，知道俄國和英國對阿富汗殖民地的爭奪（史稱大博弈）。他在《四洲志》中已經記下俄國沙皇彼得一世至女沙皇葉凱薩琳二世的領土擴張。

當時俄國政府入侵中國還是處於初步階段，但林則徐認為俄國比英國更為危險。他潛心了解新疆歷史，要求新疆官員保持邊塞安全，撰就《俄羅斯國紀要一卷》。後來左宗棠問他對西方入侵的看法，他說：「此（英國）易與耳，終為中國患者，其俄羅斯乎！吾老矣，君等當見之。」

南疆墾荒，澤被後人

阿齊烏蘇是位於惠遠城外的一片荒地，清廷下旨，令布彥泰開墾西陲。布彥泰把新疆最重要的龍口新渠交給林則徐去辦，他以花費四個月時間，親自帶領民工挑沙挖石，興建垻堤，終建成一條長六里，寬三丈的大水渠。阿齊烏蘇因大水渠得以開墾，新疆也因此湧現開墾的風潮。

布彥泰向道光帝覆命時大力讚揚林則徐，認為他：「賦性聰明而不浮，學問淵博而不泥，誠實明爽，歷練老成，洵能施諸行事，非徒託空言以炫目前者比」、「平生所見之人，實無出其右者」、「以有用之才置之廢閑之地，殊為可惜。如蒙天恩，棄瑕錄用，俾得及時報效，林則徐必倍深項感，再造生成，竭力圖報，實可收得人之效。」

然而，清廷並沒有接受布彥泰的提議。林則徐只好留在南將勘荒。在這段期間，他遇到舊屬黃冕，和他隨行，辦理墾務。他在吐魯番發現民間水利設施「卡井」，能引水横流，水在地下穿穴而行，由南至北，漸引漸高，而夥同黄冕，將之改造成「坎井」，並將之推廣，將大片荒野變成沃土，稱「林公井」；他從廣東、福建引進數以萬計的榕樹、柳樹樹苗，綠化沙漠，稱「林公林」；又教當地民眾製作紡車，利用當地出產的棉花織布，稱「林公車」；他先前開墾的水渠則稱「林公渠」；其受新疆人民愛戴的情況，可見一斑。

道光二十五年（一八四五），布彥泰升為陝甘總督，林則徐以四、五品京堂候補，正式結束遣戍生涯。翌年，接任陝西巡撫。一年後，改任雲貴總督，上任後，以「只分良莠，不問漢回」的原則，提拔張亮基及胡林翼，處理漢回衝突；兩人後來都成為晚清名臣。

此時，夫人鄭淑卿病逝於昆明，林則徐悲慟之餘，又大病一場。清廷認為他處理漢回衝突有功，加封太子太保，賞戴花翎，但他還是決定退休，於道光二十九年八月正式卸任，返回原籍；並於翌年十月病逝，享壽六十六歲。

第二篇　變革與國運轉折

第五章　陽明學與明治維新

日本文化的根源是對於「神道」的信仰。到了唐代，派遣留學生到中國學習中國文化，而深受唐人影響。宋明時期，強調「知行合一」、「致良知」的王陽明，由於身兼治文武，其學說與行誼與日本武士之道較為契合，而深受日本知識份子的歡迎。到了明治維新時代，在西方文化的衝擊之下，日本知識份子對於國家未來的發展路線，也面臨了重大的抉擇。這個抉擇在佐久間象山及其兩位高徒勝海舟和吉田松陰的故事中可以看得最為清楚。

日本與陽明學的接觸，始於明代正德年間。正德四年（一五一〇）日本禪僧了庵桂悟奉國王足利義證之命，以八十三歲之齡遠使中國，與王陽明會晤。回國前，王陽明作序一篇相送。桂悟回日本時，已經是八十七歲高齡。

第一節　陽明學到日本

陽明學在日本的真正開創者是中江藤樹（Nakae Toju）（一六〇八—一六四八）。元和八年（一六二二），他繼承祖父百石的祿位。寶永十一年（一六三四），他二十七歲時，決定「脫藩」，回到近江，奉養母親。

中江早年學習朱子學，到了三十七歲時，才讀到《王龍溪語錄》，之後，又讀《陽明全書》，大有收獲，乃賦詩曰：「致知格物學雖新，十有八年意未真；天佑夏陽令至泰，今朝心地似回春」《藤樹先生遺稿・第一冊》。他學習朱子學，總覺得「意未真」，讀了陽明全書，才感到「心似回春」。

中江斷言：「心學為由凡夫至聖人之道」《翁問答》；「行儒道者，天子、諸侯、卿大夫、士庶人也。此五等人能明明德，交五倫者謂之真儒……真儒在五等中不擇貴賤、貧富」《藤村先生精言》，於是在近江設館收徒，令其徒皆攻讀《陽明全書》。

他力求像王龍溪那樣，把陽明學普及到庶人中去，是日本陽明學派的開山始祖，他也因此而被奉為「近江聖人」。

泰山北斗

一六五〇年，明儒朱舜水東渡日本，將陽明學傳授給日本人。日本人注重身體力行，王陽明提倡的「知行合一」，遂成為推動明治維新的力量。當時提倡陽明學的主要人物之一，是被奉為「泰山北斗」的佐藤一齋（Sato Issai）（一七七二—一八五九）。他是美濃國岩村藩家老之後，早年與林述齋共同學習儒學。述齋成為林家的當家之主之後，一齋向其執弟子之禮。

在日本朱子學獨尊的形勢下，他開始從事教育。天保十二年（一八四一），述齋去世後，一齋被任命為公儀儒官，前後十九年，開啟了幕末王學的先河。聽其講學者常滿堂盈庭，他在其著作《言志四錄》中，強調：「立志」在「求學」中的重要性，但「立志」必須隨「本心」之所好，不能從外強求。

在此前提下，他又大力宣揚王陽明的「知行合一」論：「就心曰知，知即行之知；就身曰行，行即知之行」，主張天下財利公有，指出：「財者，天下公共之物，其可得自私乎？」「利者，天下公共之物，何曾有惡？但自專之，則為取怨之道耳。」

第二節 「和魂洋才」

佐籐一齋的高徒佐久間象山（Sakuma Shōzan）（一八一一—一八六四），出身於信濃國松代藩，原名啟之助，跟從佐籐學習儒學，因為崇拜陸象山，改名象山。從一八三九年起，在江戶開設「象山書院」。鴉片戰爭爆發後，佐久間密切注意世界局勢的變化，認為「英夷寇清國，聲勢相逮」，局勢十分嚴峻。同時又讀到魏源的《海國圖志》，清楚認識到：「三大發明以來，萬般學術皆得其根底」，「歐羅巴洲及亞美利加洲次第面目一新，創製蒸氣船、磁電報等，實奪造化之工」。面對世界局勢的變化，「方今世界，僅以和漢學識，業已無能為力」。

對於鴉片戰爭，他雖然同情中國：「唐國人民年年受鴉片之害，唐國官府嚴禁鴉片，本有其理」，「英國為其自身利益，犯其和親交好國家之嚴禁，不顧殘害人民」；可是，他也冷靜地看到：由於英國「船上備大砲」，因此可以「恣意凶奸」，侵犯中國。

鴉片戰爭的結果，象山心目中的「聖賢之國」，果然被英夷所擊敗，他因此深刻感受到：在國際關係中，「各國自營其利，欲網世界之利，故興邪欲」，「非但英國無道，西洋諸國，天地公共之道理均無可言」，日本要想避免墜入這種命運，唯有富國強兵一途，成為世界「一等強國」。

佐久間象山

「和魂洋才」

因此，他提出國際關係的一個重要規範：「同力度德，同德量義」，在國際較量中，惟有雙方力量不相上下，「德」才能成為決定兩者優劣的重要因素，以此類推，在同樣「有道」的條件下，「義」才能成為雙方勝負的依據。在他看來，即使是傳統儒學家津津樂道的「周武王伐紂」，「興仁義之師」，其實亦不過是使「大國畏其力，小國懷其德」。

一八四二年鴉片戰爭結束，佐久間認為自己已經變成魏源「以夷制夷說」的海外同志，開始提倡「和魂洋才」，主張「東洋道德，西洋藝術」，要求學生學習蘭學，德川幕府委派真田華貫負責海防，象山則被安排跟兵學專家江川英龍學習西洋炮術。

「同力度德，同德量義」是佐久間象山觀察鴉片戰爭（一八三九—一八四二）經過所悟得的一個概念。當時的中國知識分子並非沒有過這樣的體認。然而，鴉片戰爭結束後，中國開始進入「羞辱的世紀」（Century of Humiliation），甚至成為日本侵略的對象。其轉折的關鍵在於佐久間象山的兩位弟子。

美國往太平洋擴張

美國在法國協助之下，打完獨立戰爭（一七七五—一七八三）之後的第二年，由紐約及費城貿易商出資合購的商船「中國皇后號」（Express of China）即由紐約出發，繞道好望角，歷時七個月，抵達廣州。此後五十年，隨著美國領土不斷地往西擴張，橫跨太平洋到東方尋求貿易機會的美國商船也不斷增加。鴉片戰爭（一八三九—

一八四二）結束，英國與中國簽訂「南京條約」，取得五個通商口岸。一八四四年，美國隨即派遣顧盛（C. Cushing）率領三艘戰艦到中國與清廷簽訂《望廈條約》，關於五口通商，取得與英國一樣的特權，並在福州與廈門設領事館，後者的轄區包括台灣的四大港，即淡水、基隆、打狗及安平。

一八四八年，為期兩年的美墨戰爭（一八四六—一八四八）結束，美國取得了加利福尼亞、內華達、猶他的全部，以及新墨西哥、亞利桑那、科羅拉多和懷俄明的部分土地，美國國土已經擴張到太平洋沿岸。

對於當時的美國而言，日本是美國商船到遠東的中繼站，又是其捕鯨船的優良漁場，因此希望日本能援中國前例，開放港口通商。但幕府卻堅持鎖國政策，而未能得逞。一八五三

東印度艦隊司令培里

年七月，美國政府派東印度艦隊司令培里（M. C. Perry），率領四艘日本人稱為「黑船」的軍艦抵達東京與大阪之間的下田，要求開港，幕府不知所措；培里的艦隊，隨即開往香港，在途中佔領了小笠原群島，並和琉球國王締約，在當地建立加煤站。

翌年三月，培里率領由七艘「黑船」組成的艦隊，再度開抵下田。幕府內部經過激烈辯論後，決定讓步，與之簽訂「神奈川和約」，開放下田，函館兩個通商口岸，並且讓美國享有最惠國待遇。幕府的鎖國政策從此結束。佐久間提〈論時務十策〉，上書幕府，他的兩位門生勝海舟和吉田松陰，也在這時候走上了歷史的舞台。

勝海舟

佐久間象山的第一位高徒勝海舟（Katsu Kaishu）（一八二三—一八九九），其父親是江戶幕府的一個下級武士。幼時刻苦自學，十六歲隨島田虎之助學習劍術；同時在江戶弘福寺學習禪學。十九歲觀看江戶幕府在武州德丸原進行西洋火炮發射和槍陣軍事演習，認識到劍術已不足以應當未來集團作戰的需要。從學於佐久間象山之後，聽從象山建議，開始學習荷蘭語和西洋兵法。

一八五五年，在「黑船來航」事件後，幕府老中阿部正弘向各方徵求建議。勝海舟提出《海防意見書》，指出建設海軍乃日本當務之急，包括如何防守江戶灣具體戰略方案，深受阿部的賞識，破格錄用勝海舟，擔任西洋書籍的翻譯工作。不久，他又被任命為長崎海軍傳習所「教監」，正式成為幕臣，時年三十三歲。

勝海舟

在長崎的五年裡，勝海舟在荷蘭軍官的指導下，學習炮術、航海術和造船學，變成海軍專家。江戶幕府跟美國簽訂通商條約後，一八六〇年一月，派使節乘軍艦「咸臨丸」赴美國。該艦指揮官為軍艦奉行木戶喜毅，勝海舟擔任艦長。「咸臨丸」購自荷蘭，是當時最先進的軍艦。在太平洋經歷三十七天的驚濤駭浪，才抵達美國三藩市。航程中陪乘的美國軍官不斷嘲諷幕府官兵缺乏海軍知識，勝海舟因此深刻感受到建立現代化海軍的迫切性。回國後，隨即向幕府提出改革方案。幕府將軍德川家茂因此授命勝海舟，在神戶設立軍艦操練所，為諸藩訓練航海人員。同時設立海軍塾，目標是「從一切階層挖掘人才」，他也因此而結識坂本龍馬。

坂本龍馬

坂本龍馬（Sakamoto Ryōma）（一八三六—一八六七），土佐藩出身，十四歲開始學習劍術。十九歲到江戶，進入千葉定吉開設的「北辰一刀派」劍術館，專心一志修習劍術，兩年後取得老師秘傳。安政四年（一八五七），土佐藩主在江戶舉辦武術比賽，數十名劍客參加，坂本脫穎而出，開始受人矚目。

一八六二年（文久二年），坂本謀刺幕府開明派重臣勝海舟。勝海舟反過頭來勸告他：在世界列強林立的時代，日本國內各藩相爭毫無意義。坂本為勝海舟的見解所說服，因而拜他為師，參與組建神戶海軍操練所，學習海軍航海術，成為該所的「塾頭」（負責人）。

海舟雖然身為幕臣，但他對幕府官員的因循守舊和門閥之見極為不滿，經常發表激烈言論。元治元年（一八六四），海軍操練所部分學生參加反幕軍主使的池田屋事件，幕府因此下令關閉海軍操練所，海舟也受到「閉門反省」一年半的處分。

勝海舟因此介紹坂本龍馬去找西鄉隆盛，取得薩摩藩的援助，於一八六三年在長崎成立「龜山社中」（商社），組織操練所的學生從事海運貿易，專門從事薩長兩藩的交通運輸，並為倒幕派購入槍枝彈藥及軍火。元治元年，坂本又隨同勝海舟調停美、英、荷、法四國炮轟長州藩下關事件，跟各方人馬建立了良好的關係。

第三節　吉田松陰的《幽囚錄》

相較之下，佐久間象山的另一位門徒吉田松陰（Yoshida Shoin）（一八三〇—一八五九）的一生較為坎坷，但其影響力卻深遠得多。他出身於長州下級藩士家庭。幼時因叔叔早逝，而承襲吉田家的職位，成為長州藩毛利家的武學教習，開始學習「山鹿流兵法」，十歲即向藩主講解《武教全書》。兩年後，他的另一位叔叔開設

「松下村塾」，成為他日後講學之地。

二十二歲時，前往江戶，拜在佐久間象山門下。一八五四年，培里率領美艦，再次來到日本，吉田和金子重輔兩人違反幕府禁令，登上美艦，希望能夠前往美國，汲取西學。當時培里剛與日本簽訂「日美和親條約」，不想捲入外交糾紛，遂將兩人送回岸上，他們立即向幕府自首。

長洲藩的毛利一族自從一六〇〇年的「關原大戰」被東軍擊敗之後，便對德川幕府懷有敵意。幕末時期，長州藩分裂成主張「倒幕」的「尊王攘夷」派，以及主張朝廷和幕府合作的「公武和體派」。吉田違反幕府禁令被捕後，象山亦遭到株連。一九六四年他被釋放出獄，松代藩主派他上京見幕府將軍，主張「公武和體」。兩年後佐久間象山即遭「攘夷派」刺客暗殺。

吉田松陰

吉田被押返原籍，關押在囚禁武士的野山監獄。他在獄中寫下《幽囚錄》，主張日本要「急修武備，艦略備，砲略足，則宜開墾蝦夷（北海道）、封建諸侯、趁機奪（俄屬）堪察加半島、鄂霍次克沿海，諭琉球朝覲會同，奏朝鮮納質奉貢，北割滿洲之地，南收台灣、呂宋諸島，漸示進取之勢」，成為日後日本發展軍國主義的藍圖。他同時向同囚的十一個人講授《孟子》，宣揚他「尊王攘夷，開國倒幕」的主張。

敗於己而成於人

一八五五年，吉田獲准出獄，改在本氏杉家幽閉處分。兩年後，他在

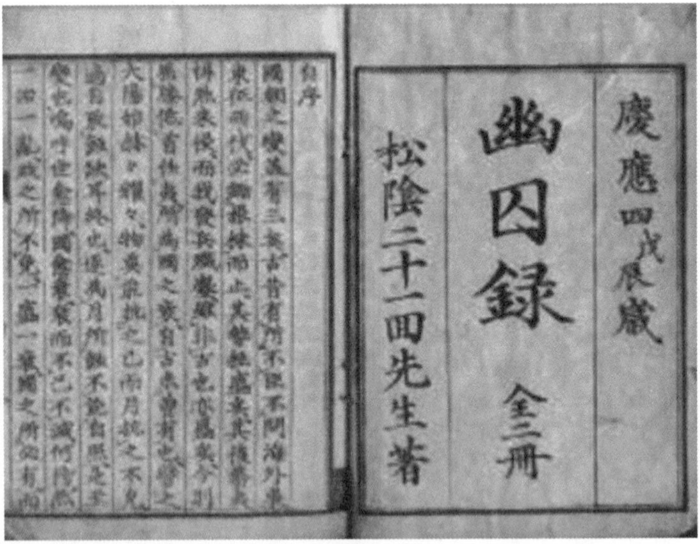

幽囚錄

杉家開設「松下村塾」，大量講授中國經典，也培養出高杉晉作、木戶孝允、山縣友朋、伊藤博文等一批倒幕維新的志士。

安政五年（一九五八），幕府大老井伊直弼未經天皇批准，締結「日米修好通商條約」，國內輿論沸騰，井伊派老中間部詮勝入京都逮捕倒幕派志士。吉田想刺殺間部，卻遭到學生反對，他仍不死心，認為「幕府是日本最大障害」，企圖說服長州藩主政者，結果長州藩以「學術不純，蠱惑人心」的罪名，將他逮捕。他對幕府坦白招供自己的暗殺計畫，以及「尊王討幕」的主張。江戶奉行本來要判他流放外島，他卻認為：判「死罪」比較妥當。安政六年十月二十七日，吉田被處斬刑。臨刑前，留下辭世詩「留魂錄」：「縱使身朽武藏野，生生不息大和魂」，時年二十九歲。

日後「傾幕府、成維新」之長門藩士，大多為松陰門人。梁啟超因此認為：明治維新是「吉田諸先輩造其因，而明治諸元勳收其果」。吉田松陰「敗於今而成於後，敗於己而成於人」，為「明治維新之首功」。

高杉晉作

高杉晉作（Takasugi Shinsaku）（一八三九—一八六七），父親為長州藩士，安政四年（一八五七年）入松下村塾拜吉田松陰為師，深受其影響，曾作詩盛讚陽明學：「王學振興盛學新，古今雜說遂煙沉；唯能信得『良知』字，即是羲皇以上人。」後來並經吉田介紹，而與佐久間象山結為知交。兩年後，吉田在安政大獄中遇害，使他下定決心倒幕。

一九六一年六月，長州藩主派高杉晉作乘坐「千歲丸」赴上海，視察太平天國蓬勃發展時的中國形勢。他看到外國勢力在上海橫行跋扈的狀況，深深為日本感到擔憂。他認為：「清政府之所以衰敗，在於其不識防卸外夷於外海之道，不造能闖過萬里

高杉晉作

波濤之軍艦，也不造能防禦敵人於數十里之外的大砲，並使彼國志士所著的《海國圖志》絕版，因循苟且，空渡歲月，徒然提倡固陋之說」。

奇兵隊

回國後，高杉開始積極參與「攘夷」活動。一八六三年一月，他跟久坂玄瑞等十一人歃血盟誓，策劃「攘外」，並於一月三十一日縱火焚燒正在江戶品山御殿山施工的英國公使館。在長州藩攘夷派的推動下，孝明天皇發出攘夷敕令，幕府將軍也只能同意。文久三年六月十五日，久坂玄瑞帶領的「光明寺黨」，開始砲擊通過關門海峽的外國船鑑。

在美、法、英國艦隊強力反擊之下，前台、壇浦等地砲台陸續失守，聯軍陸戰隊二百五十名登陸後，長洲藩志士雖頑強抵抗，卻因為實力相差懸殊而節節敗退。在風雨飄搖的情況下，長州藩授命高杉晉作防守下關。他迅即招募自願者，不論身分高低，組成以武士和農民為主，加上部分商人和工人的「奇兵隊」，服裝、武器和操練均倣效外國，成為日本第一支新式軍隊，由二十四歲的高杉自任監督。

八一八政變

奇兵隊成立後三個月，高杉即去職。但奇兵隊卻發展迅猛，一年後由六百餘人擴增到四千餘人。在富農豪商的支持下，日本各地紛紛出現了士庶混雜的民眾武裝，少則三、五十人，多則數百人，名目繁多，號稱「諸隊」，後來並由高杉晉作統一指揮，成為倒幕的武裝力量。

孝明天皇雖然要求「攘夷」，但他本人卻主張「公武和體」，十分信賴為「公武和體」致力的薩摩藩，和力圖化解其宗主德川家危機的會澤藩。一八六三年七月三日，尊攘派公卿姉小路公知遭到暗殺，尊攘派指名薩摩藩士是兇手，並要求朝廷解除薩摩藩守衛京都的職位。天皇卻寫信給薩摩藩京都守護，說明此「並非實敕」。

於是會津、薩摩兩藩於陰曆八月十八日發動政變，聯合以兵力固守宮廷九門，尊攘派的公卿和藩士逃往長州藩。接著，京都守護職又指揮「新選組」，襲擊並消滅聚集在京都池田屋的尊攘派地下組織，是為「池田屋事件」。

下關條約

奇兵隊的領導人久坂玄瑞和真木和泉聞訊後決定出兵京都，但高杉晉作卻認為時機尚未成熟。在勸阻無效的情況下，他未向藩主報告便想奔向京都，結果被判脫藩罪，關進野山監獄。

九月十九日夜，真木和久坂帶領的奇兵隊進攻京都皇宮御蛤門，跟守門的會津兵展開激戰，卻遭到薩摩兵側面伏擊而大敗，真木和久坂等領導人或者被殺，或者自殺，史稱「禁門之變」。

在此之前八月，英、法、美、荷四國以十七艘軍艦組成聯合艦隊，由英國東洋艦隊司令庫巴指揮，進攻下關。長州軍雖頑強抵抗，但因實力相差懸殊，三天後下關砲台被摧毀。長州藩主赦免了高杉晉作的「脫藩罪」，並授命他擔任和談工作。有鑑於清朝的前車之鑑，他在《下關條約》中接受了聯軍「放棄攘夷」的條件，卻成功地讓外國放棄租界領土的主張，而日本免於淪為「次殖民地」的命運。

木戶孝允

號稱「維新三傑」之一的木戶孝允（Kido Koyin）（一八三三—一八七七），幼時體弱多病，通稱「桂小五郎」，為長州藩士。十七歲，投入松陰門下；十九歲，師從齋籐彌九郎學習劍術，第二年便成為練兵館的塾頭，以劍豪聞名於江戶。佩里再度來航，桂小五郎以江川英龍隨從的身份參觀黑船艦隊，事後並和佐久間象山一起向江川學習砲術。吉田松陰「下田踏海」計畫失敗被捕入獄，小五郎多方奔走，使其事情平息。

一八六三年，主張「公武和體」的薩摩藩和會津藩，發動「八月十八日政變」，將尊皇攘夷派逐出京師。隔年，桂小五郎潛回京都。幾個月後，支持幕府的「新選組」又發動

木戶孝允

「池田屋事件」，襲殺倒幕志士，桂小五郎因為提早離開，而逃過一劫。一個多月後，長州藩發動「禁門之變」，發兵圍攻京都御所。在薩摩藩、會津藩、桑名藩的聯軍回擊之下，長州藩戰敗，成為「朝敵」（朝廷的敵人），桂小五郎也負傷。

薩長同盟

德川幕府趁勢號召三十六個藩十五萬大軍，由薩摩藩的西鄉隆盛擔任參謀，發動第一次「征長之役」，長州藩不得不屈服，主導「禁門之變」的三位家老切腹；發動「八月十八日政變」的五位公卿被迫遷移他藩，藩內保守勢力「佐幕派」抬頭。

這時候，高杉晉作潛回下關，號召伊藤博文的力士隊，石川小五郎的游擊隊，跟他自己創立的奇兵隊，在下關功山寺集結八十人，以突襲行動擊敗「佐幕派」，以「倒幕」為主的「正義派」重新主導長州藩政權，桂小五郎也返回長州。

在坂本龍馬和中岡慎太郎的極力斡旋之下，一八六六年，長州藩與薩摩藩終於化敵為友，在京都的小松帶刀官邸，簽訂「薩長同盟」。當時薩摩藩的代表是小松帶刀、西鄉隆盛和大久保利通；中間人是土佐藩的坂本龍馬；長州藩則為桂小五郎，時年三十六歲。長州藩主毛利敬親為了使幕府的通緝犯「桂小五郎」能夠參與藩政，特賜姓「木戶」，令其改名為「貫治」、「準一郎」。

西鄉隆盛

「薩長同盟」將木戶、西鄉、三人聯結在一起，後人之所以稱他們為「維新三傑」，便是出自於此。薩摩藩的西鄉隆盛（Saigō Takamori）（一八二八—一八七七），青年時期曾經和大久保利通一起向伊籐茂右衛門學習陽明學和朱子的「近思錄」。從二十八歲起，成為薩摩藩武士，致力於幕政改革，並進行勤王活動。井伊炮製「安政大獄」時，他一度感到絕望，和僧侶月照一起投海，月照溺斃，西鄉卻被救起。

一八六二年，西鄉在大久保的幫

西鄉隆盛

助下，返回薩摩藩。兩年後，由於藩士們的要求，他開始一步步掌握薩摩藩陸海軍實權。在第一次「征長之役」中，幕府為了追究長州兵在「禁門之變」中攻擊皇宮的責任，使用「挾天子以令諸侯」的計策，取得討伐長州藩的敕令後，命令各藩出兵。

討伐軍由來自六藩的十五萬兵組成，聲勢雖然浩大，但各藩因為財政困難，又對幕府恢復「朝覲交代制」抱持反感，普遍鬥志不強，軍隊行動遲緩。這時擔任討伐軍參謀的西鄉隆盛提出「假長州人之手處分長州激進派」的妥協方案，由長州藩保守派要求攘夷派的三位家老切腹，「以示恭順投降」，第一次「征長之役」就此落幕。一八六六年，薩摩藩與長州藩倒幕派領導人木戶孝允締結「薩長倒幕聯盟」。西鄉隆盛也順理成章成為「薩長聯軍」的指揮官。

大久保利通

大久保利通（Ōkubo Toshimichi）（一八三〇——一八七八）的性格和西鄉隆盛完全不同。他出身於薩摩藩鹿兒島的一個城下武士家。十九歲那年，薩摩藩因藩主繼位問題發生「由羅騷亂」，其父支持的島津齊彬一派失勢，父親被流放；大久保則和西鄉隆盛、有馬新七等四十餘同鄉結合成「精忠組」，經常聚會，討論天下大事。

保守的井伊直弼成為幕府大老之後，任命島津齊彬之弟久光之子為薩摩藩主，並興「安政大獄」，屠殺許多愛國志士，月照、西鄉絕望自殺，大久保卻在實權人物久光身上下功夫：久光愛下圍棋，他便苦練棋藝；久光想看《古史傳》，他便設法弄來多達二十八冊的《古史傳》。久光開始重用大久保，積極推動各藩與幕府合作的「公武和體」。

一八六二年，久光和大久保率藩兵一千人進京，進諫天皇敕命：德川慶喜為將軍監護，松平慶勇為大老，由薩摩藩兵任京都警衛。朝廷接納了他們的建議，大久保也從此名震天下。

此時，早年的「精忠組」同志有馬新七等人，卻因為加入激進的「尊王攘夷」派，想乘久光進京之際，襲擊「佐

大久保利通

幕派」公卿。大久保派人勸說無效，斷然派兵，在「寺田屋事件」中殺死有馬新七等人。

第四節　維新風雲

一八六六年，在坂本龍馬等人的斡旋下，薩長兩藩結成倒幕同盟，薩摩藩與德川慶喜的關係從此中斷。是年年中，德川幕府發動第二次「征長之役」。然而，薩摩藩卻依「薩長同盟」之約，按兵不動；身為長州藩軍事統帥又兼海軍總督的高杉晉作，乘坐「丙辰丸」，親自參加大島和小倉的反擊戰，擊退幕府艦隊；德川幕府的十四代將軍德川家茂，又在作戰中病死，結果幕府軍戰敗。在戰爭結束後的第二年，高杉晉作本人也因結核病去世，時年不足二十八歲。

海援隊

一八六六年末，一貫壓制倒幕派的孝明天皇去世，年僅十四歲的明治天皇即位，形勢變得有利於倒幕派。他們以天皇的名義，命令長州和薩摩兩藩討伐幕府。這時，到處爆發城市暴動和農民起義，幕府已完全失去民心。

一八六七年，坂本龍馬潛回土佐藩，改組龜山商社，成立「海援隊」，阪本龍馬自己為隊長，其下設置文官、武官、器械宮、運輸官、醫官等，成為土佐藩的一個商會，土佐藩也因此赦免了坂本的脫藩罪。

海援隊的規則第一條說，「本隊的目的在於以運輸、商業、開發、投機等幫助我藩，今後隊員的選拔不論出身如何，凡有志於海事的我藩或他藩的脫藩者均可入隊，一律按本人的志願辦事」。海援隊成為「脫藩者」的自由人團體，這樣一個組織，與階級分明的幕藩體制相對立，為未來日本國家的新體制預作準備。

坂本龍馬

「薩長同盟」之後，倒幕勢力準備武裝推翻幕府。但是武力倒幕，外國必然乘內亂之機進行侵略。坂本龍馬認為：為了確保日本的獨立，不讓列強像對中國一樣蹂躪日本領土，必須避免內戰。土佐藩參政後藤象二郎很欣賞坂本龍馬的見解，問他有什麼秘策？

船中八策

「秘策並非沒有，那就是讓德川氏將政權奉還朝廷。」

「什麼？」後藤一下子腦筋轉不過來。

「的確，如果那樣，薩長兩藩既不必動兵，戰火又可以避免，同時英法兩國也無計可施，真是一箭四雕的上上之策。不過佐幕派恐怕不會沉默吧？」

「可以重新讓德川慶喜做大臣。」

「如果那樣的話，不是和過去沒有多大不同

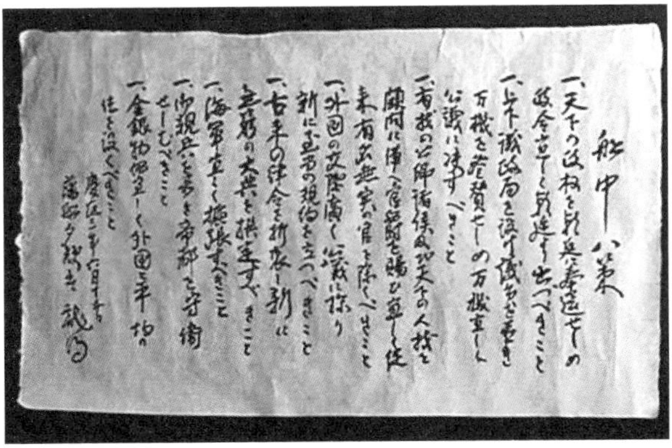
船中八策

船中八策

嗎？」

「不，不問公卿、諸侯、武士、庶民，讓天下的人才都參加議會和國政。」

「知道了，只有這樣做了。明天藩船『夕顏丸』進京，跟我一起去，我想在船中將你的話重新整理成檔。」

「夕顏丸」在從長崎到兵庫的航行中，海援隊文官長將坂本的構想記錄下來，成為所謂的「船中八策」：⑴奉還政權；⑵設上下議政局；⑶登用天下人才；⑷廣泛採納公議修改條約；⑸重新撰定法典；⑹擴充海軍；⑺設置親兵保衛帝都；⑻就金銀物價制訂與外國相等的法令。

大政奉還

土佐藩山內容堂根據「船中八策」，寫了一份「大政奉還論建白書」，呈給幕府。幕府第十五代將軍德川慶喜認為：即使實行「大政奉還」，形式上讓天皇執政，自己仍然掌握立法實權，德川家仍然是擁有四百萬石的大領主。

在內外交困的情況下，決定接受他的建議，十月二十七日向朝廷提出辭職，宣佈

「大政奉還」，將政權交給明治天皇。十二月十日，坂本龍馬跟「陸援隊」隊長中岡慎太郎在京都「近江屋」商談事情的時候，突然遭到刺客襲擊，坂本當場死亡，時年三十一歲；中岡亦在兩天後去世。

戊辰戰爭

「大政奉還」之後，倒幕派認為：必須叫慶喜「辭官納地」，剝奪其領地，摧毀其經濟基礎，否則便不能說是真正推翻了幕府。一八六七年底，倒幕派在明治天皇的支持下，發動政變，翌年一月，天皇發布《王政復古大號令》，下令廢除幕府制度，要求德川慶喜「辭官納地」。

權力幾乎被架空的德川慶喜舊勢力，發表〈討薩表〉，以「清君側」為名，調集

大政奉還

一萬五千軍隊，由大阪出發，逼近京都，「戊辰戰爭」於焉展開。代表新政府的薩長聯軍跟幕府軍在京都郊區爆發激戰，史稱「鳥羽、伏見之戰」。在這場戰爭中，大久保擔任參謀，協助西鄉隆盛指揮作戰。幕府兵力雖三倍於政府軍，但其主力步兵毫無鬥志，結果政府軍大勝，德川慶喜退回關東的江戶，近畿以西各藩立即向新政府宣誓效忠。

新政府接著以天皇名義發表詔書，討伐幕府，沿東海道向江戶進軍，對江戶採取包圍形勢，各國相繼聲明：「在天皇政府和幕府內戰期間保持中立」。

幕府內部則分裂為主戰和主和兩派。主戰派主張接受法國援助，跟討幕軍一決死戰。但以勝海舟為代表的主和派向幕府說明：陸軍士氣已經瓦解，江戶市民深深痛恨幕府，關東一帶人民起義的形勢，最後，德川慶喜決定放棄抵抗。

無血開城

四月一日，勝海舟派山岡鐵太郎去會見討幕軍參謀西鄉隆盛，商定七項和解條件。但討幕軍仍然持續向江戶逼近，進攻江戶的日期也預定為三月十五日。當時擔任幕府陸軍總裁的勝海舟，也一面談判，一面作談判破裂的準備。萬一談判破裂，他準備讓德川慶喜亡命英國；護送將軍家眷和江戶婦孺疏散，並在江戶實行焦土戰術，使進入江戶的討幕軍無立足之地。

最後，雙方以保全將軍慶喜的性命和德川氏的家名為條件，達成協議。一八六八年四月二十一日，在「無血開城」的狀況下，政府軍進入江戶。德川慶喜遭到軟禁，但德川家得以延續。可是，「戊辰戰爭」並沒有就此結束。支持幕府的主戰派仍然組織「奥羽越列藩同盟」，並在東北地方成立「蝦夷共和國」。直到一八六九年五月，蝦夷地箱館的五稜郭開城投降，幕府的殘餘勢力才被清除乾淨。

「征韓派」與「內治派」

明治政府成立後，西鄉隆盛是「維新三傑」中官位最高、受封最厚的人。但他平日就看不慣許多政府高官追名逐利，認為他們見「利」忘「義」。

明治維新之後，為了要替大批下級武士找出路，他開始提倡「征韓論」、「征台論」。這時後，大久保積極推動奉還版籍、建立御親兵、廢藩置縣等措施。在征韓問題上，大久保又施展政治手腕，結合「內治派」，主張先處理國內危機，並將以西鄉為首的「征韓派」趕出中央。

大久保執掌大權後，對版籍奉還、廢藩置縣一直心懷不滿的島律久光上書天皇，提出十四條建議，並要求撤掉大久保職務。在改革派的強力反擊之下，久光也被迫引退。

但「內治派」對於「征韓」、「征台」議題，只是主張「緩征」，而不是「不征」。一八七四年四月，日本以台灣高山族殺害琉球嶼民為藉口，出兵侵入台灣，大久保以全權大使身份赴北京，迫使清政府付出賠償金五十萬兩。一八七五年九月，他又派兵入侵朝鮮，迫使朝鮮政府簽訂不平等的《江華條約》。

西南戰爭

一八七六年三月，政府發佈「廢刀令」，八月又推行「秩祿處分」，剝奪武士階級的俸祿，引起各地不滿士族的強烈反抗，大久保採取血腥鎮壓的方式，一一敉平。明治十年（一八七七），薩摩藩的不平士族攻佔鹿兒島的政府軍火藥庫，揭開「西南戰爭」的序幕。西鄉聞訊後慨然長嘆，卻毅然回到鹿兒島，以「質問政府」的名義，率領薩摩軍北上。

西南戰爭爆發，木戶孝允感嘆：「與其病死窗下，不如捐軀於征途」，企圖親自勸阻西鄉；大久保則要求擔任「鎮撫使」，親自率軍前往鎮壓。內閣總理伊藤博文對兩者均予否決，最後決定由政府軍出征。木戶病危時，在意識朦朧中，握著大久保的手問：「西鄉還不適可而止嗎！」於五月二十六日病逝，享年四十五歲。薩摩軍在熊本城和政府軍展開作戰，被擊敗後，九月二十四日，身負重傷的西鄉由部下介錯

西南戰爭

砍下頭顱，得年四十九歲。

翌年五月十四日，大久保在前往大政官辦公途中，遭到六名「征韓黨」士族襲擊，當場死亡，時年四十九歲。一年之內，維新三傑先後離開人間，象徵著一個歷史階段的結束。

兩條路線

在明治維新時代，政治菁英追求的是「和魂洋才」，其中的「和魂」雖然混雜有陽明學的成分，但並非儒家以「仁」作為核心的精神。至於「洋才」，主要是學習西方的科技所造成的「船堅砲利」，而不是西方近代文明興起的精神。

對於雅斯培而言，在朝向人類歷史的終極目標「不朽的精神王國」邁進的過程中，人類必須不斷地在「世界帝國」之路和「世界秩序」之路之間進行選擇。對於這兩條路線的意義，雅斯培的解釋是：

世界帝國。這是通過單一權力達到的世界和平，這權力從地球上的某一點對所有的人實行強制。它運用暴力保護自己。

世界秩序。這種統一除了由協商產生的共同決定提供的力量外，別無其它聯合的力量。（頁224）

世界帝國之路

不幸的是，明治維新時代，日本政治菁英大多是選擇跟隨在歐美列強之後，走「世界帝國」之路，而不是「世界秩序」之路。佐久間象山兩位最出色的門人之中，勝海舟對他心目中的「堯舜之國」竟然淪落成為列強侵略的對象，雖然跟當時大多數的維新菁英一樣，抱著「鄙夷」的態度，但在「日本國家利益至上」的考量下，他卻反對甲午戰爭，主張日中韓三個國家應結為同盟，跟英美法列強對抗。可是，這種「反潮流」的政治主張對新政府並沒有什麼影響力。

明治維新後，新政府曾任命勝海舟為參議兼海軍卿，不久他便辭職退隱，在東京的赤阪冰川町的邸宅吟詩作畫，為文著書。明治二十年（一八八七）被授予伯爵。十二年後，因腦溢血逝世，終年七十七歲。

明治維新後，在新政府發揮重大影響力的人，大多是佐久間象山另一位高足吉田松陰的門下弟子。他們大多致力於實踐吉田松陰在《幽囚錄》中所描繪的國家發展圖像，致使日本後來走上「軍國主義」的道路。用日後孫中山奉勸其日本友人的話來說，在那個關鍵時刻，日本人並沒有選擇勝海舟，成為亞洲「王道之干城」，反倒是追隨吉田松陰，成為西方帝國主義「霸道之鷹犬」。

第六章　平定「太平天國」的曾國藩

本書第一章指出：在科舉制度的箝制之下，中國社會變成了一種「沒有兵的文化」，無法在科舉制度中求取發展的「豪傑菁英」，在太平時期，可能成為不必通過科考的「吏」，在兵荒馬亂的時代，他們或者成為盜匪流寇，或者接受政府的招撫，變成國家或地方的編制內的軍隊。這樣的社會關係在曾國藩平定太平天國的故事中可以看得最為清楚。

曾國藩（一八一一—一八七二）湖南湘鄉人，父親曾麟書是塾師，屢試不第。年近五十考取秀才，自忖功名僅能及此，從此在家鄉，專心栽培長子曾國藩。曾國藩早年的功名仕途相當順利。他二十八歲中進士，成翰林；三十四歲官至禮部侍郎。平生精研儒家義理與經世致用之學，他不滿時政，冀望有所改革，卻是一位道統名教的擁護者。

道光三十年底（一八五一年初），洪秀全在廣西發動金田起義，太平天國運動爆發。翌年，曾國藩生母江氏去世，丁憂回籍。此時太平軍已經攻入湖南，氣勢正盛。咸豐二年底（一八五三年），曾國藩接到清廷幫辦湖南團練旨，他正在籍守制，本來不想任事，經郭嵩燾力勸，始離家前往長沙，與湖南巡撫張亮基商辦團練事宜。一月後，太平軍攻佔江寧（今江蘇南京），並在此定都，改稱天京。

第一節　「非親即故」辦團練

曾國藩到長沙的第二日，即提出他對團練的

太平天國運動

主張，認為：太平軍兇焰已熾，湖南兵力單薄，不勘任戰，必須招募壯健樸實的鄉勇，編組一隻新軍，認真操練，與太平軍對抗。咸豐批示，要他「悉心辦理，以資防剿」。

曾國藩認為綠營的最大弱點，為營伍習氣以致難以調遣。太平軍之所以善戰，在於「團結堅固，行動迅捷」，「今日將欲滅賊，必先諸將一心，萬眾一氣」，「呼吸相顧，痛癢相關，赴火同行，蹈湯同往。勝則舉杯酒以讓功，敗則出死力以相救。賊有誓不相棄之死黨，吾官兵亦有誓不相棄之死黨，應可血戰一二次，漸新民之耳目。」

因此，湘軍先尋求「志同道合，質直而有血性、忠義而曉軍事」的儒生為將，他說：「帶兵須智深勇沉之士，文經武緯之才」，第一要才堪治民，第二要不怕死，第三要不急於名利，第四要耐受辛苦，然後募集「樸實而少心竅」的鄉農新勇，摒斥逃兵游卒及市井無賴。

成軍之初，大帥選統領，統領揀營官，營官揀哨官，哨官揀什長，什長挑勇丁。全軍自上而下，非親族故舊，即同鄉同里，「將帥相能，兵將相習」，「弁勇視營哨，營哨視統領，統領視大帥，皆如子弟之事父兄」。

「苦心精練」湘軍兵勇

他堅持：湘軍兵勇必須「苦心精練」，除了逐日操習陣法技擊，更重視精神紀律。他編成「莫逃走」、「要齊心」、「操武藝」歌詞，反覆教唱，同時集合教導，多方開說，「練者其名，訓者其實」，「冀其不擾百姓，以雪兵勇不如賊匪之恥，而稍變武弁漫無紀律之態」，使其相激相勵，忠義奮發，一心一德，「以畏難苟活為恥，克敵戰死為榮」。

他認為餉銀不裕，不足以養將帥之廉，鼓兵勇之氣。因此，湘軍勇丁每人月銀四兩二錢，較綠營提高一倍有餘。

曾國藩

曾國藩的新軍，整合湖南各地武裝，共約四千人，獲准移駐衡州。因為太平軍順江東下厚，又回師西征以來，擁有大小船隻近萬，飄忽無常，沿江州邑，不戰即得，清軍無船，防不勝防，追擊不及，束手無策。曾國藩從郭嵩燾建議，開始置辦船砲，興治水師。兵勇來自湖南，工匠來自廣西，火砲購自廣東，大多為西洋所製。「凡槍炮刀錨之模式，帆檣槳櫓之位置，無不躬自演試，殫竭思力。」

「為衛護道統名教」而戰

一八五三年十一、十二月間，太平軍攻入湖北，安徽告急，清廷催促曾國藩赴援。曾以戰船尚未辦齊，湘南土匪尚未肅清為由，按兵不動。一八五四年一至二月，太平軍三佔漢陽、漢口，圍攻武昌，湖廣總督吳文鎔相繼敗歿，湖南震動。

此時湘軍水師已有大小戰船三百餘隻，水勇五千人，合陸師將帥兵勇共一萬五千人，砲五百尊，曾國藩才於二月二十五日出師，並針對太平軍的《奉天討胡檄》，發師《討粵匪檄》，說明湘軍的立場。太平軍是為開創王朝而戰，曾國藩是為衛護道統名教而戰。他不過分強調「勤王之義」，太平天國的種族思想，避而不提，反映出他身為漢人的難言之隱。

檄文首先痛斥太平軍的殘暴，以地域觀念分化在長江各省新加入的「新兄弟」

與「老兄弟」。他說，太平軍所過，「船隻無論大小，人民無論貧富，一概搶掠罄盡」，「粵匪自處於安富尊榮，而視我兩湖、三江被脅之人，曾犬豕牛馬之不若」，其殘忍慘酷，「凡有血氣者，未有聞之而不痛憾者」。接著痛斥太平軍，破壞倫理秩序，以名教觀念打動知識份子：「中國歷世聖人，扶持名教，敦敘人倫」，太平軍崇外夷之教，上下皆以兄弟姊妹相稱。農不能自耕，商不能自賈，田皆天王之田，貨皆天王之貨」，「士不能誦孔子之經，而別有所謂耶穌之說、《新約》之書。舉中國數千年禮義人倫，詩書典則，一旦掃地蕩盡，此豈獨我大清之變，乃開闢以來，名教之奇變」，「凡讀書識字者，焉能袖手坐觀，不思有所作為？」

然後，又痛斥太平軍毀汙廟宇，以神道觀念打動一般鄉民：「自古生有功德，歿則為神」，太平軍焚燒神宮廟宇，忠臣義士如關帝、岳王亦被汙殘，此又「鬼神所共憤怒」。湘軍的使命在救民衛道，「紓君父之憂，慰人倫之痛，報生靈之仇，雪神祇之憾」，希望「忠義之士，共同奮起，被脅被陷者，自拔來歸」。

湘軍初與太平軍在湘北角逐，陸師敗於岳州，水師潰於長沙以北的靖港，曾國藩本人落水，被部下所救，但他以「屢敗屢戰」自嘲。經過整編訓練之後，湘軍二次出擊，七月，肅清湖湘。十月湘軍克復失而後得的漢陽、漢口。大出清廷意料之外。十一至十二月，再捷於鄂東田家鎮、半壁山，水師直抵九江。咸豐帝大喜過望，擬令曾國藩署理湖北巡撫。

然而，大學士祁雋藻進言，稱「曾國藩以侍郎在籍，猶匹夫耳。匹夫居閭里，一呼，蹶起從之者萬餘人，恐非國家福也。」咸豐帝遂收回成命，僅賞曾國藩「兵部右侍郎」虛銜。曾的責任甚重，而權力有限，一八五七年三月，因父喪，奏請返鄉終制，頗有就此引退之意。

第二節 「心憂天下」的左宗棠

左宗棠（一八一二—一八八五）是湖南湘陰人。四歲時跟隨祖父左人錦在自家梧塘書塾讀書。道光九年（一八二六年）參加湖南陰縣縣試，得第一名。翌年參加長沙府試，得第二名。成年後的左宗棠，開始閱讀顧祖禹的《讀史方輿紀要》、顧炎武的《天下郡國利病書》、齊召南的《水道提綱》，精研大清歷史、地理（包括水利）、軍事、經濟，當時熱衷於科舉八股文的學子對他「莫不竊笑，以為無所用之」。

一八三〇年，時任江蘇布政使的賀長齡因為丁憂而回到長沙。他曾請魏源編輯了清朝開國到道光的《皇朝經世文編》一百二十卷，左宗棠前去賀長齡家請教，賀長齡「以國士見待」，家中藏書任其借閱，並勉勵左宗棠「幸勿苟且小就，自限其成」。

一八三二年左宗棠為監生，在鄉試落榜後，道光帝要求仔細評閱「遺卷」，補中第十八名舉人。此後力圖進士，參加會試，三次不中，從此不再參加科舉考試。當時朝政腐敗，經濟凋敝。他目睹時艱，在其居室為聯自勵：「身無半畝，心憂天下；讀破萬卷，神交古人。」

一八五一年起先後入湖南巡撫張亮基、駱秉章幕府，為平定太平軍籌劃。駱重用左宗棠，對他言聽計從。左宗棠因而成名，連咸豐帝都知其善而用兵，因而透過郭嵩燾聯繫左宗棠，要左氏出來任官，攻擊太平軍。

一八五六年，升任兵部郎中。一八六二年由曾國藩舉薦，由太常卿升任浙江巡撫，並組成中法混合軍，並擴充中英混合軍，與太平軍作戰，克金華、紹興等地，升任閩浙總督。

天京內訌與太平軍重振

太平天國定都南京不久，清朝欽差大臣向榮的追擊軍跟蹤而至，屯紮於江寧城東南郊，號為江南大營。一八五三年，太平軍退出揚州，江南大營聲勢頗盛，雖然久攻天京無功，畢竟是太平軍的肘腋之患。一八五六年，楊秀清乘上游軍事勝利，先擊破鎮江城外及揚州之敵，再猛撲江南大營，向榮敗死，天京解圍。長江上下，太平軍無往不利，情勢似乎一片大好，但就在此時，天京內部楊秀清與諸天王連續發生數次內訌，自相殘殺，使湘軍獲得喘息的機會。

一八五八年，清欽差大臣和春的江南大營再次進軍南京城下，並在對江的浦口紮下江北大營，天京再度被困。湘軍將領李續賓亦攻下扼長江咽喉的九江，江西各城多為湘軍所得。李續賓乘勝進軍皖北，太平軍陳玉成、李

李秀成

秀成奮戰，先破江北大營，再破湘軍於皖北三河鎮，李續賓全軍覆沒，使太平軍在頹勢中獲得重大勝利。此後陳玉成當長江上游，保衛安慶，抵禦東下的湘軍；李秀成當長江下游，保衛天京，對抗江南大營，形成犄角之勢。

否極而泰，剝極而復

這時候的清軍分為兩大集團，一為長江下游和春、張國樑所統的江南大營，由綠營組成。一即上游曾國藩、胡林翼所部的湘軍。江南大營號稱五、六萬，核實不過半數，長期圍困天京，以為大功早晚可成，「將驕兵惰，終日酣嬉，不以賊匪為意」。一八六〇年三月，李秀成襲破杭州。和春自江南遣兵來

湘軍大戰太平軍

援，李秀成卻放棄杭州，星夜西返，會集所有兵力，包括來自皖北的英王陳玉成，分道猛攻江南大營。經過十天激戰，和春、張國樑全軍覆沒，天京再度解圍。

江南大營二次崩潰之時，曾國藩、胡林翼、左宗棠正在安徽宿松會商全局。左宗棠說：「天意其有轉機乎？江南大營將驕兵疲，豈足討賊？得此一番洗盪，後來者庶可以措手耳。」胡林翼認為「否極而泰，剝極而復」的時期已至，均以和春之敗為慶幸。

當時清廷環顧宇內，將帥之能，兵勇之眾，以湖南為最，除仰仗湘軍外，別無他途可循。一八六〇年，命曾國藩署理兩江總督，又兩月，實授，並命為欽差大臣督辦江南軍務，所有大江南北水陸各軍，均歸他節制，從此湘軍名符其實的代替了綠營。

第三節　「大才可用」的李鴻章

李鴻章（一八二三—一九〇一）安徽合肥人。父親李文安與曾國藩同年考取同榜進士，使李氏家族成為當地名門望族。李鴻章在兄弟中排行第二，大哥李瀚章官至總督，其他兄弟後來也都非富即貴。一八四七年，二十四歲的李鴻章考中進士，選入翰林院任庶吉士。同時，受業曾國藩門下，講求經世致用之學。

咸豐三年（一八五三年），太平軍從武漢順江東下，占領安慶，殺死巡撫蔣文慶。咸豐帝詔諭工部左侍郎呂賢基前往安徽，辦理團練防剿事宜。呂賢基以李鴻章籍隸安徽，熟悉鄉情，奏請隨營幫辦，李遂受命回籍辦團練。同年年底太平軍攻破舒城，呂賢基自殺殉國。李鴻章投入新任巡撫福濟幕下，多次領兵與太平軍作戰，官封道台。

一八五八年冬，李鴻章入曾國藩幕府襄辦營務，負責起草文書。兩年後，李鴻章統帶淮揚水師。湘軍占領安慶後，被曾國藩奏薦「才可大用」，命回合肥一帶募勇。一八六二年，編成淮勇五營。

青年李鴻章

曾國藩以上海為「籌餉膏腴之地」，命淮勇乘英國輪船，以中立國名義，通過太平軍控制的江寧長江江面，抵達上海，自成一軍，是為淮軍。旋經曾國藩推薦出任江蘇巡撫。李鴻章在掌握地方實權後，在江蘇大力擴軍，採用西方新式槍炮，儼然新式陸軍，使淮軍在兩年內由六千多人增至六、七萬人，成為清軍中裝備精良、戰鬥力較強的一支武裝。李鴻章及淮軍五虎將到上海後，將外國僱傭軍組建為常勝軍，與湘軍一起包圍太平天國。

「曾剃頭」、「曾屠戶」

一八六三年冬，南京外圍要地，幾乎全部被曾國荃攻佔。蘇州失守後，李秀成知大勢已去，南京無糧，兵力僅萬餘人，勸天王棄城他走，另求出路。天王不從，城內盜賊蜂起，曾軍「日月逼緊，內外驚慌，守營守城，無人可靠」，及常州失陷，洪秀全一切絕望，乃於一八六四年元月一日服毒自盡。

圍城湘軍近五萬，自四月以來，百計環攻，傷亡頗眾。淮軍攻下常州後，清廷為早日拔取金陵，命李鴻章派砲隊合攻。但李知曾國藩欲使曾國荃獨成大功，托詞不行。曾國荃派兵加緊開掘地道，七月十九日，炸塌天京城垣，湘軍突入城內，四處縱火，太平軍聲言，「不留半片爛布與妖享用」，三日之內，「賊所焚者十之三，兵所焚者十之七，煙起數十道，屯結空中不散，如夾山絳紫色。」

湘軍「貪掠奪，頗亂伍。中軍各勇留營者皆去搜括，甚至各棚廝役皆去，擔負相屬於道」，及盡得金銀珍物，再放火滅跡。將領「人人足於財，十萬以上者，殆百數」，他們對無辜平民展開屠殺與搶掠，當時的南京城被燒毀，平民死傷無數，南京人因此痛恨湘軍，稱曾國藩、曾國荃兄弟為「曾剃頭」、「曾屠戶」。

曾國藩

第四節　自請裁撤湘軍

李秀成護幼主衝出，中途相失，李被俘虜。曾國藩到後，命自書供詞，寫畢就地處死，原因可能是他不想把李押解北京，遭受酷刑。因此，曾國藩幕友趙烈文記述李秀成在臨死前說：「中堂厚德，銘刻不忘，今世已誤，來生圖報。」

攻陷天京後，七月，朝廷大喜過望，加曾國藩太子太保、一等侯爵。曾國荃賞太子少保、一等伯爵。

攻陷天京之前，各方傳言南京金銀如海，清廷也希望在克城之後，能以之作為軍餉賑濟之用，但曾國藩卻巧言上書：「偽宮賊館，一炬成灰，並無所謂賦庫者，然克復老巢而全無貨物，實出微臣意計之外，亦為從來罕見之事」，竟然說全無財物。各方議論不已，批判矛頭指向曾國荃。

曾國藩本人知道曾家兄弟聲望太隆，功高震主，他畏譏畏讒，因此告誡乃弟：「古來成大功大名者，除千載一郭汾陽外，恆有多少風波，多少災難，談何容易！願與吾弟兢兢業業，各懷臨深履薄之懼，以冀免於大戾。」決心奏請裁撤湘軍二千五百人，曾國荃亦開去浙江巡撫本缺。

撤職受辱

一八六五年五月，僧格林沁被捻軍擊斃，清朝廷令曾國藩剿捻。這時湘軍已經大部分裁撤，曾國藩只能用李鴻章的淮軍，不如湘軍容易差遣。曾國藩決定採取「以有定之兵，制無定之敵，專事近剿，不事尾追」的方針，在河南周家口、山東濟寧、江蘇徐州、安徽臨懷關分置四鎮，駐淮軍和湘軍八萬，將捻包圍在蘇、豫、皖邊區。但捻軍卻突破湘軍、淮軍的包圍，進入湖北。又突破開封、朱仙鎮間的賈魯河防線，東走山東。曾國藩被撤欽差大臣，由李鴻章繼任。

一八六八年，曾國藩改任直隸總督。兩年後，朝廷命其處理「天津教案」。曾國藩十分驚恐，他深知當時中國遠非西方列強對手，因此主張對外讓步。並發布《諭天津士民》的告示，對天津人民多方指責，誡其勿再起事端，隨後釋放犯法教民和涉案拐犯，引起天津紳民的不滿。全國輿論大嘩，朝廷官吏及民眾均甚為不滿，「詬詈之聲大作」。京師湖南同鄉尤引為鄉人之大恥，甚至直接稱其為「曾國賊」。

再隔兩年，兩江總督馬新貽被平民張汶祥刺殺，朝廷命曾國藩再任兩江總督，前往南京審理該案。一八七二年正月，曾國藩腳部抽筋並且有失語異狀，自覺「大限將至」，二月初四，病逝於金陵總督轅門，享年六十二歲。朝廷追贈太傅，謚號文正。

結論

曾國藩平定「太平天國」之亂，可以說是晚清扭轉朝廷命脈的第一名臣。他自辦團練，運用漢人的傳統名教；打擊改信外來宗教的太平軍，又提拔左宗棠、李鴻章兩人，為清廷效勞賣命，但是在滿洲皇帝的統治之下，他們都必須小心翼翼，仰承上意，避免得罪當道。尤其是處理涉及外國勢力的「天津教案」時，更是動輒得咎，最後不勉抑鬱以終。

下面兩章，我們將分別討論同一歷史脈絡中，左宗棠和李鴻章兩人面對外患勢力的不同表現。

第七章　抬棺抗俄的左宗棠

陝甘為漢、回雜處的地區。甘回有新教、老教之分，互爭不已，官府偏袒老教，馬化龍為新教首領，一八六二年，太平軍進入陝西，陝亂大作，馬化龍舉兵於寧夏金積堡，控制隴北、隴東，稱「總統隴郡兩河（黃河、湟水）等處地方軍機事務大總戎」。繼起的為馬占鰲據有河州，馬文祿佔有肅州，甘肅全省僅存蘭州、秦州、鞏昌三府。

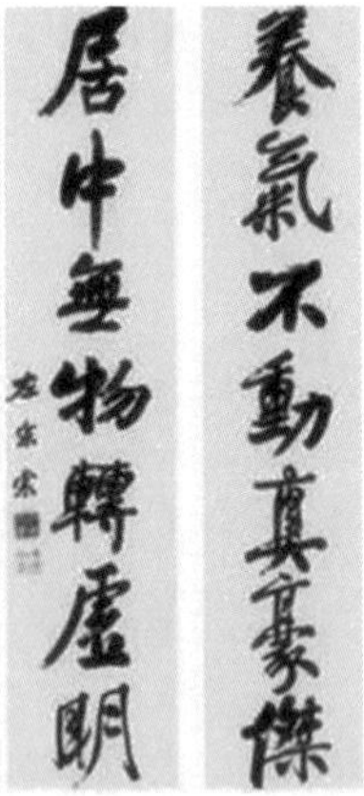

左宗棠

第一節　新疆回亂

滇亂為回、漢聯合，甘亂為回、漢仇殺。甘肅本地缺乏糧食，而且耕耘廢時，回族騎兵十分剽悍，在隴東地區出沒，西來官軍糧運時為所阻，其將又貪腐，一再被回所敗。清廷不得已，授湘軍將領楊岳斌為陝甘總督。楊原本是水師統領，到任後，一籌莫展。一八六六年，蘭州發生兵變，同時捻眾西來，陝回再起，以白彥虎為首，與馬化龍相結合。甘肅土寇董福祥聲勢亦大，蹂躪陝北，關、隴全境幾乎不保，清廷於是派左宗棠取代楊岳斌。

平定陝甘回變

左的戰略為「剿捻宜急，剿回宜緩。欲清西陲，必先清腹地，然後官軍無後顧之憂，餉道免中梗之患」。

他首先派劉松山進攻陝北，一八六八年十二月，劉松山軍擊敗以陝北為根據地的漢人武裝勢力董福祥軍，董福祥率領部眾逾十萬人歸降，劉松山擇其精銳，編成清軍三營，加強兵力。然後進攻陝西回軍馬正和、白彥虎等部。一八六九年五月，陝西境內的回軍撤退到甘肅北路馬化龍的根據地金積堡。

金積堡形勢險要，周圍有堡寨四百餘座，北經蒙古，俄人交通，可輸入洋貨、槍砲。回眾拼死力戰，左軍屢攻不下，大將劉松山陣亡。一八七一年一月，馬化龍糧盡，請降。馬化龍歸順清廷後，代陝回求和不成，又再度反叛。一八七〇年十一月糧盡援絕的馬化龍向左宗棠投降，翌年正月，被凌遲處死，甘回瓦解。

一八七二年四月，河州回軍頭目馬占鰲投降，被左宗棠編入清軍。同年十月，清軍收復西寧城。白彥虎與陝回殘軍逃到新疆，投靠阿古柏。後來又逃至沙俄並最後死於俄國。一八七三年九月，甘肅西北部回軍首領馬文祿，在堅守肅州城兩年後，也因為糧盡，向左宗棠投降。被左宗棠處死，清軍並殺死投降的回軍一千多人及城內殘餘回民七千人。平定陝甘回變之後，左宗棠西征的第二階段，為進軍新疆。

回民作亂，據地稱王

清朝治理新疆的方式，天山南路與北路並不相同。北路本為蒙古游牧之區，征服準噶爾後，各地設官駐兵，實行軍屯制，招兵開墾，設置郡縣，成立義塾學校，遂漸與內地同化。南路為回民居住之區，城市佈列，人口較密，文化風俗，自成一格。

回部平後，漢人戍卒商民概不得攜眷，有商販而無耕戶，有武員而無文吏。依舊制置柏克（Beg）以治轄境人民，惟不得世襲。對於回民信仰風俗採放任政策，柏克判斷訟案仍從其教規，不依國家法令。漢人赴回疆者須持有護照，寓居漢城，使回、漢隔離。表面上回民似享特殊待遇，其實際不能與蒙、藏並論。

回教的和卓（Khodia，聖裔），既無西藏喇嘛的崇高地位與權力，亦不能與蒙古的王公相比。滿、蒙可以嫁娶通婚，蒙人也可以居軍政要津，回人無此幸運。駐軍官兵貪橫，更使當地回民憤怨。再加上同種同教中亞汗國從中煽動，乾隆年間大小和卓後裔無不伺機而動，企圖恢復其故有權位。

一八六四年，太平天國運動和陝甘回亂波及新疆，新疆各地豪強趁機而起，出現割據紛爭，各自為王的混亂局面。初期南路以起於庫車的「纏回」布格聶丁（Burghanuddin，即黃和卓）勢力最大，他們西併阿克蘇、烏什，東有喀喇沙爾（焉耆），稱東土耳其斯坦王。北路的「東干回」以烏魯木齊（迪化）為中心，首領妥明。

庫車亂起，妥明乘機舉事，屠殺官民二萬餘人，烏魯木齊官軍赴援挫敗，東西各城先後為其佔有，號清真主。伊犁響應。一八六六年諸城悉陷，將軍以下死者數萬。東部的哈密旋失旋得，全疆未陷者，僅剩下巴里坤（鎮西）一城而已。

俄國乘虛而入

不久，柯爾克孜族部落頭目司迪克（Sadic Beg），聯絡回族封建主金相印，混亂中奪取了喀什噶爾，並稱王。司迪克派出金相印親自到浩罕進行聯繫，想把流亡浩罕的黑山派和卓後裔請回喀什噶爾，浩罕王命阿古柏（Yakub Beg）奉布什爾汗（Buzurg Khan）前往。一八六五年一月，阿古柏自安集延（Andizhan）出兵，沿途響應者約一萬五千人，一舉佔有喀什噶爾，東敗黃和卓。翌年，兼併葉爾羌。一八六八年，阿古柏廢布什爾汗，自稱回疆國王、「天福汗國」（Batautet Khan）。其後續有和闐、阿克蘇、庫車、喀喇沙爾各城，與北路的妥明分有新疆，成為東方回教徒的英雄。一八七〇年，妥明來攻，失敗後投降，吐魯番亦為阿古柏所有，阿古柏控有天山南北。

阿古柏在新疆擴張之際，正是俄國積極經略中亞之時。一八六八年，俄軍破布哈爾及基窪聯軍，滅布哈爾，命阿古柏稱臣。阿古柏曾參與中亞回教汗國的抗俄戰爭，一度受傷，這時他的祖國浩罕又受到俄國威脅，因而拒絕此一要求，轉與英國通好。是後四年，彼此使節往來不斷。一八七一年七月，俄軍佔有伊犁，以制阿古柏。次年六月，阿古柏被迫與塔什干總督闊幅曼（Von Kaufman）訂約，許俄人與新疆通商，俄國承認阿古柏為東土耳其斯坦首領。

第二節　「後進速決」的戰略

左宗棠對於如何處理新疆問題，早就胸有成竹。胡林翼擔任貴州安順知府時，曾經向林則徐推薦左宗棠，「湘陰左君有異才，品學為湘中士類第一」。一八四九年，雲貴總督林則徐回福建養病，他乘坐的船從洞庭湖沿湘江到長沙，他派人去湘陰柳莊，邀請左宗棠前來。

兩人會面後，乘船停泊在嶽麓山下，喝酒暢談天下大事，一直到第二天清晨。臨別時林則徐把自己在新疆整理的資料全部給了左宗棠，對他說：「吾老矣，空有御俄之志，終無成就之日。數年來留心人才，欲將此重任託付」，「東南洋夷，能御之者或有人；西定新疆，舍君莫屬。以吾數年心血，獻給足下，或許將來治疆用得著」。同時，林則徐又寫了一副對聯送給左宗棠，「此地有崇山峻嶺，茂林修竹；是能讀三墳五典，八索九丘」。

左宗棠受命後，經過一番深思，決定採用「緩進速決」的戰略，展開積極而迅速的戰鬥。所謂「緩進」，就是積極治軍。左宗棠用一年半的時間籌措軍餉，積草屯糧，整頓軍隊，減少冗員，增強軍隊戰鬥力。即使是自己的主力湘軍，也剔除空額，汰弱留強。他還規定，凡是不願出關西征的，一律給資，遣送回籍，不加勉強。所謂「速決」，就是考慮國庫空虛，為了緊縮軍費開支，大軍一旦出發，必須速戰速決，爭取在一年半左右，獲取全勝，儘早收兵。

「海防」、「塞防」之爭

因此，在申報軍費預算時，左宗棠親自做了調查和精細的計算，他從一個軍人，一匹軍馬，每日所需的糧食草料入手，推算出全軍八萬人馬一年半時間所需的用度。再以一百斤糧運輸一百里為單位，估算出全程的運費和消耗。甚至連用毛驢、駱駝馱運，還是車輛運輸，哪種辦法節省開支也做了比較。經過周密計劃，估算出全部軍費開支共需白銀八百萬兩。為了防止意外，預留餘地，他向朝廷申報一千萬兩。

光緒元年（一八七五年），朝廷上為出兵收復新疆，引起「海防」與「塞防」之爭。李鴻章等人力主海防，以日本為主要假想敵，主張放棄塞防，將「停撤之餉，即勻作海防之餉」。

李鴻章等認為：自從乾隆年間平定新疆一百多年以來，每年都要花費數百萬兩餉銀，這是一個填不滿的無底洞，現在又要竭盡天下財力，贍養大軍西征，還不如依從英國人提出的條件，允許阿古柏政權獨立，只要他答應稱臣入貢即可。

左宗棠為主的塞防派，則力表異議。他指出西北「自撤藩籬，則我退寸而寇進尺」，如果丟失新疆，則這塊土地不是被英國的勢力滲透，就是被北方的沙俄鯨吞，中國失去西北邊防的關卡要塞和屏障，邊防的兵力不但不能削減，反而應大大增加。從全局來看，不戰而棄新疆的後果，對內必將嚴重損害國威，喪失民心；對外也必將助長列強侵略的氣焰，不利于海防。所以李鴻章的主張乃是誤國，絕不可行。

當時的軍機大臣文祥為左宗棠所說服，他和左宗棠親自去找皇帝和攝政的西太后陳述利害關係：「老臣以為宗棠之言深謀遠慮，上承先皇高宗之遺志，下惠子孫萬代，請陛下決策。」皇帝御批道：「宗棠乃社稷大臣，此次西征以國事而自任，只要邊地安寧，朝廷何惜千萬金，可從國庫撥款五百萬，並敕令允其自借外國債五百萬。」於是慈禧太后下詔授左宗棠為欽差大臣，全權節制三軍，以將軍金順為副帥，擇機出塞，平定新疆。

左宗棠

我之疆索，尺寸不讓

左宗棠收復新疆的戰略是先安定新疆回部，「欲收伊犁，必先克迪化」。如果迪化城克服，再大興屯田以保證長期後勤供應，安撫新疆各部族耕牧如常。如此，「即不遽索伊犁，而已穩然不可犯矣。烏城形勢既固，然後明示以伊犁我之疆索，尺寸不可讓人」。

在戰術上，左宗棠分析：「俄雖國大兵強，難與角力，然苟相安無事，固以度外置之。至理喻勢禁皆窮，自有不得已而用兵之日，如果整齊隊伍，嚴明紀律，精求槍炮，統以能將，豈必不能轉弱為強，至此勞師襲遠之寇乎？」因此，「不在先索伊犁，而在急取迪化。」

為運輸軍糧，左宗棠建立了三條路線：一是從甘肅河西採購軍糧，出嘉峪關，過玉門，運至新疆的哈密，二是由包頭、歸化經蒙古草原運至新疆巴里坤，三是從寧夏經蒙古草原運至巴里坤。

一八七六年四月出兵時，左宗棠指揮的西征軍有劉錦棠所部湘軍二十五個營，張曜所部十四個營和徐占彪所部蜀軍五個營，包括原在新疆各個據點的清軍，共有馬、步、炮軍一百五十餘營，兵力總數近八萬人。但真正開往前線作戰的只有五十餘營，二萬多人。

兵分兩路收復新疆

因為行軍要經過莫賀延磧大沙漠，糧草可以馬馱車載，長途運輸，「惟水泉缺乏，雖多方疏浚，不能供千人百騎一日之需」。大部隊行軍的最大問題，是人畜飲水難以解決，所以只有分批分期地行進。左宗棠坐鎮肅州，命劉錦棠、金順分兵兩路，先後率師出關。他把大軍分作千人一隊，隔日進發一隊，西征軍主力自肅州入新，至哈密行程約一千七百里，劉錦棠走北路，金順走南路，到哈密會齊。再從肅州等地，翻過東天山九曲險道，把軍糧輾轉搬運，至哈密巴里坤和古城（今奇台）。

五月，左軍兩路會合。阿古柏派遣陝回白彥虎與妥明舊部守北路，自己率領主力守南路。八月，左軍大破白彥虎，乘勝收復烏魯木齊。阿古柏集重兵二萬餘於吐魯番，戰敗後服毒自殺。阿古柏之子伯克胡里（Beg Kuli Beg）與其弟內訌，軍隊崩潰後，西走喀什噶爾。左軍連復南路各城，十二月，克克喀什噶爾，伯克胡里、白彥虎遁入俄境。僅一年多時間，左宗棠就收復了淪沒十三年的新疆。事畢，左宗棠上表申奏朝廷，光緒帝和攝政的西太后嘉其功，詔封二等侯爵。新疆各地大小村鎮也建立左公祠，燒香禮拜。

第三節　抬棺抗俄、奪回伊犁

光緒四年（一八八〇年）正月左宗棠上書朝廷，主張在新疆設省。並建議朝廷派員與俄國談判歸還伊犁，引渡胡里、白彥虎等事宜。朝廷採納了他的建議，派遣崇厚為全權大臣，出使俄國，進行談判。

少爭戰之志，多求和之意

一八七一年，俄國乘阿古柏侵占新疆的機會，派兵侵占了伊犁，宣布「伊犁永遠歸俄國管轄」，但沙俄當時國力比較虛弱，在爭奪克里米亞的俄土戰爭中大敗，其駐華公使在照會清朝總理各國事務衙門時，不得不說些外交辭令，稱占領伊犁只是為了「安定邊疆秩序」，「只因回亂未靖，代為收復，權宜派兵駐守，俟關內外肅清，迪化、瑪納斯各城克服之後，當即交還」。不料清軍果真收復了迪化、瑪納斯等城。左宗棠即利用這個口實，強調俄方有歸還允諾在先，所以要雙方談判時，通過外交途徑，和平解決伊犁問題。

沙俄表示，中國在通商、割地、賠款和再次調整天山以北邊界等方面必須先做出讓步，才能交還伊犁。沙俄一邊談判，一邊縱容白彥虎和伯克胡里不斷武裝侵擾中國邊境，同時宣稱，如不滿足要求，「就宣布條約被撕毀，不交還伊犁」。

崇厚曾經參與英法聯軍之役的交涉，擔任過三口通商大臣，出使過法國，有十餘年外交經驗，但庸懦無能，對俄國及新疆情勢皆無所知。他在裏海附近里發地亞（Livadia）與俄國代表談判時，對沙俄要求的「通商、劃界、賠款」幾乎是照單全收，而衹換回伊犁一座空城。

消息傳回，朝議譁然，左宗棠因而向朝廷奏明：「此次與俄人談判，沙皇包藏禍心，我今索還失地，方要我賠償軍費，趁我多事之秋，欺我少爭戰之志，多求和之意，妄圖訛詐。伊犁乃我國之領土，俄軍乘虛入侵，蹂躪我邊民，掠取我財物。我今索還土地，俄方竟然要我賠償軍費，如此強盜行徑，乃國際公理所不容也，此其一。俄方以劃定兩國邊界為名，行掠奪土地之實，雙方並未陳戰，一彈未發，我朝公然割地與人，此乃外交所不許也，此其二。俄方之所謂通商，其商人志在謀利，其政府意在廣設領事，深入我腹地，坐探虛實，此種通商，為我所不取也，此其三。臣以為如今之計，當先禮而後兵。我朝可更換使臣，與俄方重開談判。如沙皇一意孤行，應訴諸於武力。臣雖不才，願當此任。」

攝政的西太后同意其說，於是將崇厚革職治罪，另派曾紀澤出使俄國，重議條約。

壯士長歌，老懷益壯

左宗棠表示：「壯士長歌，不復以出塞為苦也，老懷益壯。」自願請行率軍屯哈密，為曾紀澤做後盾。他兵分三路向伊犁方向挺進。命金順部出精河為西路；張曜部駐特克斯河畔為中路；劉錦棠部出布魯特遊牧地為西路；左宗棠自己坐鎮哈密，親領後路聲援，號稱王師四萬，對參加中俄談判的中方代表是巨大的支持力量。同時，左宗棠更將其棺材從肅州運到哈密，表示他為收復伊

左宗棠抬棺抗俄

犁而血戰到底的決心。

沙俄聞訊後，立刻火速增兵堅守伊犁，並派出艦隊在海上巡弋，中國沿海省市天津、奉天（今遼寧）、山東先後警報，都進入戒備狀態。左宗棠在哈密生活四個月，為了減輕從內地長途調運軍糧的困難，他致力於改善天山運道，修築盤曲山路；籌集糧秣，發動軍民屯田墾荒，興修水利，增糧積穀。並在哈密大本營加緊練兵，提高部隊戰鬥力。

當時俄土戰爭剛剛結束，沙俄大傷元氣，他們認為：戰爭即使獲勝，也將得不償失，擔心打敗清國，可能引發不可預料的反應，在談判桌上終於讓步。一八八一年二月二十四日，曾紀澤與俄方代表訂立了《中俄伊犁條約》和《陸路通商章程》。沙俄歸還伊犁，但仍割讓霍爾果斯河以西的領土，中國賠償俄國兵費九百萬盧布（折合白銀五百餘萬兩）；俄商在中國新疆各城貿易，暫不納稅，規定伊犁居民「願仍居原處為中國民，或願遷居俄國入俄籍者，均聽所便」。

中國雖然認為這一條約是不平等條約，但曾紀澤已盡了最大的努力，讓中國收回伊犁九城及特克斯一帶地方。左宗棠對這一結果表示滿意，說「中俄和議，伊犁全還，界務無損。領事只設嘉峪關、吐魯番兩處，此外均作罷論，則商務亦尚相安。吉林俄船撤還，松花江不許俄船來往」，因而讚揚曾紀澤：「劼剛此行，於時局大有裨益，中外傾心，差強人意也。」

第四節　督軍抗法，台灣建省

法國大革命之後，開始謀圖越南。一八五八年，拿破崙三世一面追隨英國，與中國開戰，一面聯合西班牙，入侵越南，佔有南部。一八七三年，西貢法德督派安鄴（Francis Garnier）率軍北進，襲奪河南，大事滋擾。越南召劉永福率領的「黑旗軍」相援。黑旗軍將廣西天地會餘黨、侍耕收、私販及徵收過往船隻稅捐為生。率部趨援河內，大敗法軍，擊斃安鄴。

派系之爭，勢同水火

一八七四年，法國與越南簽訂「西貢條約」（法越和平同盟條約），承認越南為獨立國，開河內等處為通商口岸，法船可航駛河江。法國以越南為保護國，可代為弭平內亂外患。

伊犁條約改定後，中國聲威增高。一八八一年，曾紀澤一再警告法國，中國有保護越南決心，否認法越西貢條約。一八八二年四月，法軍二次奪佔河內，以侍講學士陳寶深、張佩倫、山西巡撫張之洞為中堅的「清流黨」，力主派李鴻章或左宗棠赴越督辦，調集水陸各師，存越國邊，必要時立劉永福為越南國王。

左宗棠因湘、淮派系之爭，以及對「塞防、海防」政策之歧見，與長久相識的李鴻章素來不睦，甚至勢同水火。對於是否收復新疆的問題，兩人意見就完全相反。

孤拔

連敗法軍，力挽殘局

一八八四年六月，左宗棠奉召入京，任軍機大臣。八月，中法戰爭爆發，法軍提督孤拔率領九艘軍艦在馬尾海戰殲滅駐紮福建馬尾的南洋水師，其中絕大多數為木船，戰局對中國不利。九月，左宗棠奉旨以欽差大臣身份督辦閩海軍務，挽救戰局，並以新疆的前車之鑑，力諫台灣建省。

孤拔突襲福州獲逞，決定轉攻基隆。劉銘傳在台灣的兵力不多，器械不如法軍，制海權全在敵人之手，處境極為艱險。但他深得民心，又善用地方之力。基隆在敵砲射程之內，難於防守，他將駐軍後撤，其中滬尾（淡水）。十月一日，法軍奪據基隆，八月登陸滬尾，為湘、淮軍及台灣團勇所敗，這是中法戰爭期間，中國的一大勝利。

孤拔知攻奪台灣不易，改採封鎖政策。各省竭力接濟，南北洋亦派艦馳援。十二

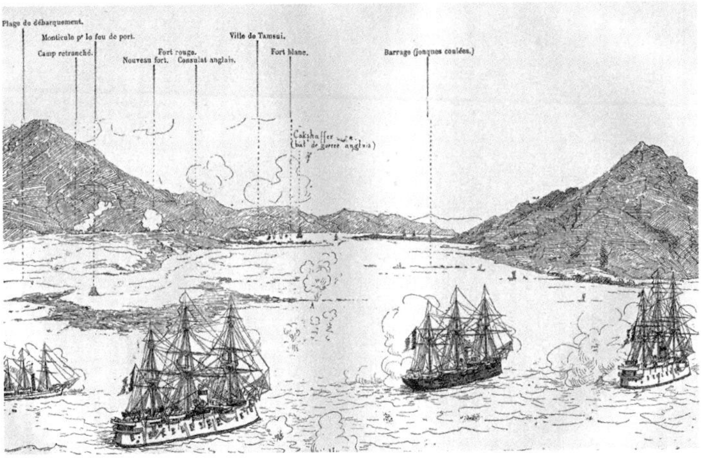

法軍奪據基隆

月，朝鮮發生亂事，戰鬥力較強的北洋艦隊中途調回，一八八五年二月，南洋艦隊五艘駛抵浙江海面，被法艦邀擊，沉沒兩艘。三月，基隆法軍攻向台北，湘、淮軍及團勇奮力抵抗，激戰四日，法軍傷亡過大，不敢再行深入，轉而佔領澎湖，加緊對台封鎖。

喪權密約，主和壞事

當時雙方主要戰場在中越邊境。一八八五年二月，東路法軍萬餘攻向廣西邊境，諒山失守，鎮南關落陷，提督楊玉科戰歿，廣西大震。法軍焚掠後南退諒山。西路法軍尋亦打敗滇軍及黑旗軍。清廷詔令嚴飭各軍反攻，在新從廣東來援的提督馮子材指揮之下，聯合恪靖

劉銘傳

馮子才

中法戰爭海戰

定邊軍等各路人馬一萬餘人，主動出擊。三月二十四日，七十老翁馮子材親自披掛上陣，大破法軍於鎮南關。二十七日克復諒山，傷法軍統領尼意立（de Neglir），斃法軍數百，恢復原有陣地，是為諒山大捷。同時西路鎮軍亦積極反攻，法軍陷於苦戰。

此一挫敗導致法國內閣垮台。但法國引以為奇恥大辱，向越南法軍撥款五千萬法郎表明沒有就此屈服的打算。中國方面精疲力盡，劉永福部「所存不過五百人，多方募集不過千人，攻守兩難，進退失據」。當時在英國總統認可赫德的周旋下，中法一直在進行密談，而朝鮮的甲申政變則使李鴻章決心從越南抽身以應付日本。於是中法簽訂新約。其主要內容就是確認一八八四年時李鴻章與法國所定的契約，其中否定了中國對越南的宗主權，改由法國全權管理越南。

左宗棠完全無法理解李鴻章所簽訂的條約，當時他批評主和的李鴻章：「對中國而言，十個法國將軍，也比不上一個李鴻章壞事」；「李鴻章誤盡蒼生，將落個千古罵名」。李的親信潘鼎新等陷害「恪靖定邊軍」首領王德榜，並彈劾誣告台灣道道員劉璈十八款，使他們失去兵權並喪命。左宗棠上書朝廷為屬下鳴冤叫屈，但一個月後的七月二十七日，七十四歲的左宗棠中於抱憾死在福州。

結論

晚清名臣，通常是曾、左並稱。曾國藩以辯證團練起家，從他一生的經歷，我們可以看出，「沒有兵的文化」演變到晚清所造成的窘境：曾國藩把湘軍「苦心精練」成一支能夠打仗的隊伍，再以「救民衛道」為號召，打敗太平天國之後，卻因為擔心「功高震主」，而自請撤裁湘軍。

他再度奉命剿捻，卻因為李鴻章的淮軍難以調度，遭遇挫折，而被撤職；處理「天津教案」，又因為昧於外情，而備受各方譴責。四川成都的武侯祠有一幅對聯：「能攻心則反側自消，從古知兵非好戰；不審勢即寬嚴皆誤，後來治蜀要深思」。

曾國藩鎮壓太平軍，執法從嚴，被視為「曾剃頭」；處理天津教案，又失之過寬，被評為「曾國賊」，之所以「寬嚴皆誤」，在於他處理內、外事務時，「審時度勢」的能力有所不同。然而，這種說法其實只是「事後諸葛亮」，就他當時所處的時空脈絡而言，左宗棠對他的評價當更為公允。

左宗棠也是湖南人，但兩人性格並不相同。左宗棠受知於林則徐，並以一生作為，全力回報：他平定回亂後，把新疆治理得井井有條；他抬棺抗俄，保住中國六分之一的國土；他奮力拒法，打贏百年羞辱期間的第一場對外戰爭。當年浙江巡撫楊昌濬稱頌他：「大將等邊尚未還，湘湖子弟滿天山，新疆楊柳三千里，引得春風渡玉關」，說明左宗棠「知兵非好戰」。但他為人嫉惡如仇，心口如一，不僅批評「海防派」的首腦李鴻章；對於曾國藩也是不假辭色。但曾國藩死後，他卻送了一幅感人的輓聯：

謀國之忠，知人之明，自愧不如元輔；

同心若金，攻錯若石，相期無負平生。

以武侯祠的對聯來看，曾國藩死後之所以能讓左宗棠寫出這樣的輓聯，可以說是「能攻心則反側自消」；而左宗棠之所以會在曾身後有此感慨，則是出自英雄之間的惺惺相惜。左宗棠的肺腑之言，說明了兩人之間的「諍友關係」，足以讓這幅輓聯永生不朽！

第八章　李鴻章與甲午戰爭

李鴻章率領淮軍，配合英國人查理・戈登率領的常勝軍，攻打太平軍。一八六三年一月，太平軍常熟守將駱國忠投降，清軍接連攻陷太倉、崑山，包圍了蘇州。十二月太平軍將領郜永寬叛變，殺譚紹光投降，清軍攻克蘇州。一八六四年五月，淮軍在常州與陳坤書率領的太平軍激戰，十一日攻克常州。後來又和湘軍一起剿滅了太平天國。接著李鴻章參與平定了捻亂，因功加協辦大學士，保住了崩潰在即的大清王朝，因此被譽為「中興名臣」。

第一節　坐鎮北洋，遙執朝政

這時候，曾國藩因為處置天津教案失利，被許多官民批評為「曾國賊」而去職。李鴻章則出任直隸總督，後又兼北洋通商大臣，授文華殿大學士，籌辦洋務，成為同治、光緒兩朝的重臣。因為直隸總督兼北洋大臣手握兵權，統領一方，有人甚至稱其「坐鎮北洋，遙執朝政」。

一八六三年曾國藩任兩江總督，將「擬設立鐵廠」，當時容閎剛從美國留學歸來，懷有以西方科技文明改造中國之志，因此派他赴美購買「制器之器」。時任江蘇巡撫的李鴻章遵示撥款萬兩，「交令速往」。

坐鎮北洋的李鴻章

天津制機「各懷異志」

當時李鴻章與上海道道尹丁日昌兩人討論禦侮之策、制器之方。李鴻章認為，先前設立的炸彈三局，「機器僅值萬餘金，不全之器甚多」，急需「買制齊全」，一八六五年，李鴻章讓丁日昌在上海訪求洋人出售鐵廠機器。數月，購得設在上海虹口的美商旗昌鐵廠，合併原由丁日昌、韓殿甲主持的兩個炮局，於九月奏准成立江南製造總局。容閎所購機器，『亦於是時運到，歸併一局。所有局務，責成丁日昌督察籌劃，先造槍炮兼造制器之器。該局於一八六八年至一八七〇年間，陸續設立翻譯館、汽錘廠、槍廠、鑄銅鐵廠、輪船廠，使之逐漸發展成為一個以生產槍炮彈藥為主、輔之以修造船艦的綜合性新式軍用企業。

一八六五年五月，清廷在諭命李鴻章派兵北援時，又命其派員赴天津，在崇厚主持下開局，鑄造炮彈，以資應用。清廷此舉，企圖建立由滿洲貴族直接控制的軍火工廠，打破漢族官僚對新式軍工企業的壟斷，藉以扭轉外重內輕的局面，「隱寓防患固本之意」。李鴻章看穿清廷用心，採取了敷衍態度。

六月，他在復奏後第三天，致函率兵北援的潘鼎新說：「天津設局製造，奏中姑宕一筆。俟弟到直，如再有旨催，容與雨生商辦。」「崇厚等如太外行，或多批斥，即作罷論。」八月他函詢潘鼎新：「天津設局製造一事，崇公如何商議？彼太外行，或不甚究心，便可從緩」。「奏中姑宕一筆」、「便可從緩」、「即作罷論」等說法表明，只要再無廷旨，就可推拖了事。可是，崇厚並非「外行」，所以李鴻章也不得不籌商定議。

九月二十日他上疏表示：「前奉議飭以天津拱衛京畿，宜就廠中機器仿造一分，以備運津，俾京營員弁就近學習，以固根本。現擬督飭匠目隨時仿製，一面由外購求添補，但器物繁重，非窮年累月，不能成就，尚須寬以時日，庶免潦草塞責。」他既允諾為天津仿製和購求機器，又要求「寬以時日」，為緩辦預留退路。崇厚秉承奕訢等意旨，專函詳詢李鴻章「何時可以購齊」。李鴻章的覆信說是必須等到「明年夏秋之間，得有眉目，可以籌運」。

一八六六年十月正式奏准在天津設局，專制外洋各種軍火機器，由崇厚籌劃辦理。

官督商辦勉強上路

清中葉以後，由於京杭運河淤塞，朝廷南北貨物的調運部分由漕運改為海路。並且，李鴻章為了「自強」、「求富」，企圖通過興辦民用企業，解決軍事工業的原料、燃料供應、「調兵運餉」的交通運輸困難和「練兵練器」的經費問題。

一八七二年，內閣學士宋晉上疏，藉口製造船艦糜費多而成效少，請旨飭令閩、滬兩局，暫行停止製造。李鴻章復奏指出，宋晉的主張代表了守舊勢力的迂腐之見，「士大夫囿於章句之學而昧於數千年來一大變局，扭於目前苟安而遂忘前二三十年之何以創巨而痛深，後千百年之何以安內而制外，此停止輪船之議所由起也。」國家諸費皆可節省，惟養兵設防、練習槍炮、製造兵輪之費「萬不可省」，否則「國無與立，終不得強矣。」他深知國家經費困難，要繼續製造輪船，就「必須妥籌善後經久之方」。

因此，他提出兩條具體辦法：一是裁撤沿海沿江各省的舊式艇船而代之以兵輪，把修造艇船的費用撥歸製造兵輪；二是閩、滬兩局兼造商船，供華商領雇。華商為了跟壟斷中國航運業的洋商競爭，應自立公司，自建行棧，自籌保險。他還從「籌議製造輪船未可裁撤」出發，進而主張用西法開採煤鐵以「與船器相為表裡」。

他指出：「船炮機器之用，非鐵不成，非煤不濟，英國所以雄強於西土者，惟藉此二端耳。」閩、滬各廠亟需外國煤鐵，一旦中外關係緊張，外國對華採取禁運措施，各鐵廠勢必「廢工坐困」，所有輪船也將因無煤而寸步難行。中國煤鐵礦藏豐富，外商處心積慮想要攫奪中國煤鐵開採權。

如果中國「誠能設法勸導官督商辦，但借用洋器洋法，而不准洋人代辦，此等日用必需之物，采煉得法，銷路必暢，利源自開，榷其餘利，且可養船練兵，於富國強兵，殊有關係。」相反的，如不「因時為變

輪船招商局

通」，而「徒墨守舊章，拘牽浮議，則為之而必不成，成之而必不久，坐讓洋人專利於中土，後患將何所底止耶！」

由於李鴻章等人的竭力爭取，清廷不僅否定了宋晉的停造輪船的主張，而且批准洋務派興辦輪船招商局和用西法採煤煉鐵。

一八七三年，輪船招商局正式成立。李鴻章給招商局的定位是：「無事時可運官糧客貨，有事時裝載援兵軍火，藉紓商民之困，而作自強之氣」，在航運上可以和外國的船隻抗衡。李鴻章採用招商集資的方式來解決經費問題。招商局的定位是先由官商合辦、後改官督商辦的民用企業，所以叫作招商局。

第二節　艦隊訪日，種下禍根

光緒十一年（一八八五），清廷向德國伏爾堅（Vulcan）造船廠訂造的七千多噸「定遠」和「鎮遠」好鐵甲巨艦落成歸國，加上陸續添購的船艦，成立北洋艦隊。以山東半島的威海衛和遼東半島的旅順作為基地。由丁汝昌擔任北洋海軍艦隊提督，定遠艦管帶（艦長）劉步蟾和鎮遠艦管帶林泰曾，都是福州船政學堂首屆畢業生，也是中國海軍首屆留英學生。

鎮遠艦與「三景艦」

一八九一年七月，北洋海軍水師提督丁汝昌率領北洋艦隊，訪問日本東京外的橫須賀港。丁汝昌此行雖然號稱友好訪問，其實不無示威之意。他們在定遠艦上舉行招待會，邀請日本議會的兩院議員和包括記者在內的各界人士出席。他們看見「定遠」和「鎮遠」艦上裝有三十・五公分（十二英吋）的大砲四門，感覺是「妖怪」一樣！此外十五公分口徑砲兩門以及三十二公分超厚裝甲板，其防禦能力和旋轉砲塔的攻擊能力，都讓日本人自嘆不如。

在此之前，日本為了對抗北洋艦隊的「鎮遠」及「定遠」兩艘鐵甲艦，曾經發行一千萬圓軍事公債，向法國訂購三艘軍艦，松島、嚴島以及後來的橋立，合稱「三景艦」。該級軍艦排水量四千多噸，雖然不如「鎮遠」及「定遠」排水量七千多噸那樣巨大，但也配有三十二公分砲一門，以及十二公分砲十一門。由於「三景艦」只片面追求攻擊能力，而忽視了防禦能力。當時日本海軍之父山本權兵衛批評它們就像：「手持利刃的赤身裸體兵」。

當時出身於薩摩藩的日本武官西鄉從道、樺山資紀和東鄉平八郎，看了北洋艦隊的巨砲和鐵甲裝備後憂心忡忡，他們決定向日本政府建議購買射速、船速快的軍艦作為對抗。可是，以伊藤博文為首的長州藩卻把持日本的軍政大權，海軍購買軍艦的預算因此受到議會的阻撓。

知己知彼

明治二十五年（一八九二）夏天，明治政府在廣島練兵場上，舉行以中國作為假想敵的日本陸海軍聯合大演習，富於春秋的明治天皇擔任統監，在高台上觀覽，身旁有第四師團長北百川宮能久親王，參謀總長山縣有朋、陸軍大臣大山岩、海軍大臣西鄉從道、陸軍次官兒玉源太郎（一八九五年日本據台後，擔任第四任台灣總督）、以及總理大臣伊藤博文，完全比照戰時大本營的規模。

當時日本有七個野戰師團。番號從一編到六，加上一個可以說是天皇御林軍的近衛師團，共十五萬兵員。這些士兵平均年齡二十一歲，比清國兵小八歲，身高較矮，但肺活量、握力則略勝一籌。陸海軍將官則大多適逢壯年。

練兵場上近衛師團和第四師團的士官兵穿著白色的夏季制服架槍休憩。指揮官山根信成少將忽然把旗一揮，兩軍一躍而起。一股由中隊長引領近三百人的士兵蹲低進擊，他們把最新研發適合日本人體格之村田連發槍架在身上，對著目標射擊。除了軍隊的戰力外，明治天皇最滿意的，就是參謀部對清國蒐集的刺探情報。

在參謀次長川上的帶領下，參謀桂太郎中佐（一八九五年日本據台後的第二任台灣總督）、福島安正少佐，及小川又次少佐，數年來親赴清國內地刺探情報，對清國軍政民情都詳細打聽的一清二楚。福島回國後呈報：「清國的致命弱點就是公然行賄、受賄，這是萬惡之源。但清國人對此毫不反省，上至皇帝大臣，下到一兵一卒，無不如

小川又次

此，此為清國不治之症，這樣的國家根本不是日本的對手。」

清國征討策

小川歸國後，則批評清國朝野自強運動的目標，強調「強兵為富國之本，而不是富國為強兵之本」，確立日本走向軍國主義，並在《清國征討策》中，主張在一八九二年完成對清作戰的準備。先吞併中國重要軍港旅順所在的遼東半島，再佔領山東，長江兩岸，同時將澎湖群島、台灣全島劃為未來日本的版圖，然後分割中國境內的十八省，滿洲另立一國，劃出西藏、蒙古，瓜分其力。

日本巡洋艦吉野

陸軍在該年已經完成對清作戰的準備。但萬事俱備，只欠東風。明治天皇針對議會掣肘海軍預算，發布詔令：「國防之事，苟拖延一日，將遺恨百年，政府和議會必須和協一致。金後六年內朕每年從皇室經費中撥出三十萬日元，文武官員各納其俸給十分之一，上繳國庫，用於補充造艦費用！」

在明治天皇全力支持下，議院通過軍艦製造費案，向英國購買了一艘全世界速度最快的巡洋艦，噸位雖略遜松島艦，但速力達到二十三節（四十一公里），配合它的速射砲，威力強大，以明治天皇的座騎「吉野」為名。

中日甲午戰爭前夕，日本已經建立一支擁有六萬三千名常備兵和二十三萬預備兵的陸軍，和排水量五萬七千噸的海軍，相當於十艘定遠艦，超過了北洋艦隊。這可以說是日本政府針對中國海軍摸底而組成的新艦隊。

第三節　東學黨之亂與袁世凱

當日本秣馬厲兵，準備對中國用兵之際，在中國走上歷史舞台的人物，是袁世凱。清咸豐九年（一八五九年）八月二十日，袁世凱出生於河南省陳州府項城縣袁張營一個官宦家族。父祖多為地方名流。袁家在清道光年間開始興盛，袁世凱的從叔祖父袁甲三為淮軍重要將領，曾署理漕運總督，並參與平定太平天國和捻軍。他出生的那天，袁甲三正好寄信到家，稱與捻軍作戰得勝。他的父親因此將他取名為「凱」，並按照族譜，命名「世凱」。

仗義賑災

父袁保中官至候補同知。叔父袁保慶曾在袁甲三的軍中帶兵，官至二品江南鹽道道臺。袁世凱自幼過繼給袁保慶為嗣子，少年時隨嗣父先後到濟南、金陵等地讀書。袁保慶病故後，一八七四年，袁世凱與弟弟袁世廉到北京，投奔在京任內閣中書的叔父袁保齡，袁保齡對二人的教育極為重視，聘請嚴師謝子齡管教二人，學習十分投入。

一八七六年秋，袁世凱赴陳州參加鄉試不中。雖然未能及第，但袁世凱於同年年底與沈丘于氏結婚，兩年後誕下唯一嫡子袁克定。堂叔袁保恆見袁世凱完婚，頻招袁世凱回北京繼續學習，以考取功名。

一八七五年至一八七八年間，河南發生特大旱災，史稱「丁戊奇荒」。一八七七年四月三十日，光緒帝命身為刑部左侍郎的袁保恆前往賑災，袁保恆於是偕袁世凱前往河南，途中經過保定，與李鴻章會面，請求幫助，李鴻章當即撥米三萬石。一八七八年元月，二人抵達開封時，正值隆冬，兩人冒著惡劣氣候從公。袁世凱目睹饑民慘狀，賑款不敷，曾感慨道「賑務實屬萬難」，但下決心「盡此赤心，捐此腐軀，上以報國，下以報叔父」。當時開封流行瘟疫，五月，袁保恆感染，不久病逝。

棄文就武

賑災任務完成後，袁世凱返回項城，在此期間，袁世凱「家居多暇，嗜酒好騎馬，日飲數斗，馳騁郊原」，其性格「喜為人鳴不平，慷慨好施予，以善為樂」，與知府吳重熹成為「詩酒友」，結交當時正在陳州授館從事文牘工作的徐世昌。兩人拜為金蘭，徐世昌為兄。袁世凱資助徐世昌兄弟二人赴順天鄉試，二人雙雙中舉。一八七九年秋，袁世凱再次鄉試不中，因此將所學書籍付之一炬，並表示「大丈夫當效命疆場，安內攘外，焉能齷齪久困筆硯間，自誤光陰」。

一八八〇年，袁世凱決定棄文就武，投靠吳長慶。吳長慶為袁保慶的結拜兄弟，出身淮軍，為慶軍統領，統率慶軍六營駐防登州，督辦山東防務。袁世凱從陳州出發，途經上海，結識蘇州籍妓女沈氏，二人相交甚歡。沈氏得知袁世凱身世後，用私房錢資助袁世凱，勸其儘快前往登州，投奔吳長慶。袁世凱發誓安定下來後，回來迎娶沈氏；沈氏也表示會等他回來，並自己出錢贖身。後來袁世凱將沈氏接到朝鮮。沈氏終身未育，袁世凱將袁克定過繼給她為嗣子，北上途中，袁世凱結識阮忠樞，一見如故。袁慷慨資助阮，阮後成為其終生心腹。

一八八一年五月，袁世凱至山東登州，任「慶軍」營務處會辦。吳長慶對袁十分照顧周到。由於袁尚未通過鄉試，吳召來營中最好的老師張謇、周家祿等人，向他們引見袁世凱，請他們督促袁功課，再度備考科舉。由於張謇嚴厲直率，他的作文在張謇眼裡認為「文字蕪穢，不能成篇」，導致二人疏遠。周家祿則以鼓勵讚揚為主，袁「更喜周公」，後任直隸總督時請周入幕府，禮遇有加。

鋒芒初試

一八八二年，袁世凱二十三歲，藩屬國朝鮮發生壬午軍亂，朝鮮高宗李熙之父李昰應兵變奪權；親中的朝鮮「事大黨」請求清廷出兵平亂，袁世凱乃跟隨吳長慶的部隊前往。

吳長慶的幕僚馬建忠設謀，要袁世凱拘捕李昰應。李昰應被擄後，袁世凱以「通商大臣」身份駐朝鮮，協助朝鮮訓練新建親軍與鎮撫軍，並控制稅務。

一八八四年，朝鮮分化為新舊兩派勢力。一派是以閔妃為首的外戚集團，另一派則是要求改革的士大夫激進派。以金玉均激進派為代表的「開化黨」發動甲申政變，試圖推翻閔妃及「事大黨」把持的政權，駐朝日軍亦趁機行動欲挾制王室，袁世凱當機立斷，指揮軍隊擊退日本軍，日本人對袁世凱恨之入骨。一八八五年，袁

青年時期的袁世凱

世凱被封為「清朝駐紮朝鮮總理交涉通商事宜」全權代表，維繫清廷在朝鮮的宗主權及其他特權。一八八七年八月開始，朝鮮政府先後向日本和歐美各國派遣使節，以對國際社會宣示其外交自主。大規模的獨立外交活動，引起清政府不滿。

瞞天過海

一八九四年初，朝鮮爆發東學黨起義，形勢緊張。朝鮮國王向中國借兵鎮壓，李鴻章同意出兵，是年五月，日本外相陸奧宗光接到中國出兵朝鮮訊息後，欣喜過望，因為這是插手朝鮮問題的絕佳時機。六月二日，他先要求首相伊藤博文在其官邸召開內閣要員的會議，他向與會者說明「如果中國往朝鮮派遣軍隊，我國也應往朝鮮派出相應之軍隊，以防不虞。這是為了維持日、中兩國在朝鮮之權力均等」。大家同時取得盡量不要破壞和平的共識。

當天夜晚，陸奧外相和川上次長等人在陸奧官邸舉行秘密會議，此時，川上次長分析，清國已經向朝鮮派遣了五千人的軍隊。日本只要動員七、八十人，「即使在漢城附近發生衝突，也很容易將對方擊破。不過，清國如果聽說我們出兵，他們會很快增兵。李鴻章肯定會把他的直屬軍隊淮軍四萬人中的三萬人都派到朝鮮去，這樣一來，我們也只能跟著增兵繼續增援，日本就再派遣一個師團，在平壤附近再勝一次。那時，清軍非講和不可。」但是陸奧擔心：「伊藤首相可能不會同意增兵，他一直是個和平主義者。」

川上建議「可以騙首相說只派一個旅團，一個旅團只有兩千人，這樣首相就會同意。」川上更進一步分析：「旅團一旦進入戰時編制『混成旅團』，可以一個步兵旅團為主體，由所屬師團配上砲兵、騎兵、工兵、通信隊等，使之能獨立作戰，如此可以增加到七、八千人。首相應該不會注意到這一層。」

然而，川上也擔心：「如果採取決戰的方式就有勝算。如果時間拖長，就會不利。首先日本的財政會露出破綻。在國際關係上，俄國和英國肯定要站到清國一邊。」

陸奧指出：「去年福島參謀花九個月，單騎『橫斷』西伯利亞，收集到俄羅斯、蒙古、滿洲的軍情顯示，俄國遠東兵力比想像的要弱得多，沒有力量介入朝鮮，而英國也終將默認。所以，戰爭的基本策略是和清軍進行短期決戰。一開戰就給對方狠狠的打擊，然後看準機會提出講和。」

双重失策

六月四日清軍開赴朝鮮。根據《中日天津條約》相關條款，六月七日清廷將出兵事宜知照日本，當天日本駐北京公使小村壽太郎照會清廷，稱日本也已出兵。六月十一日，日本公使大鳥圭介率軍到達朝鮮京城。獲悉清廷出兵後，起義軍六月十一日與朝鮮政府簽訂《全州和約》，朝鮮內亂有所緩和。六月十二日大鳥圭介主動與袁世凱會晤，商談共同撤兵，但日本內部對此不滿，在沒有達成目的之前拒絕撤兵。中日雙方對此相持不下，此秘密會議決定後僅十天，即六月十二日，駐地廣島之第五師團旗下的混成旅團的先頭部隊已經在朝鮮的仁川登陸，該師團的統帥是大島義昌陸軍少將。

七月十六日，清廷的軍機處與總理衙門的聯席會議上，作出了對戰爭應採取慎重態度的結論，除了召袁世凱回國，並派出一千五百名淮勇到朝鮮增援，陷入戰術和戰略的雙重失策。七月二十五日，日本軍隊在豐島海面對清軍發動襲擊，挑起豐島海戰，進而引爆中日甲午戰爭。

第四節　甲午陸戰的潰敗

一八九五年七月十七日，明治天皇在皇宮主持大本營御前會議，確認日本海軍在這次戰爭中應採取以進攻為主的戰略計畫。並採納狂熱擴張主義者大山大將及川上中將的建議，制定作戰計畫。在甲午戰爭前，清廷已經在大沽、威海衛、旅順鐵三角，建成北洋艦隊的基地。日本大本營的作戰目標就是將此三要地拿下，輸送陸軍至直隸平原，與清軍進行主力決戰，效法三十餘年前的英法聯軍，攻佔清國首都，逼迫清廷訂下城下之盟。逼近離大沽只有一百七十公里的北京，迫清廷作城下之盟。

文明與野蠻之戰

七月二十二日，軍令部長樺山資紀帶著參謀總長有栖川宮熾仁親王的密令，抵達日本聯合艦隊聚泊的佐世保，傳達了到朝鮮海面伺機襲擊北洋艦隊的命令。伊東祐亨先接獲海軍大臣西鄉從道的命令，立即於二十二日午前十一時，召集各艦長開會，研究艦隊的編隊及游擊順序，做好了襲擊北洋艦隊的戰術準備。

七月二十三日，伊東祐亨登上了佐世保港內的旗艦松島號，上午十一時，他對麾下的艦隊掛出了信號：「按照預定順序，出港！」軍令部長樺山資紀坐著蒸汽船高砂號為他們送行，在港外的「帆揚岩」把船停下來，對他們升起色彩鮮艷的信號旗：「為帝國海軍揚名！」

一八八四年七月二十五日，日本不宣而戰，在牙山口外豐島海面，襲擊中國運兵船隊及其護航艦隊，並擊沉了「高陞」號運兵船，使得一千多名清軍官兵命喪大海。不久之後，駐紮在漢城的日本大島義昌混成旅團，對駐紮牙山的清軍同樣也發動偷襲，雙方在成歡驛激戰三小時後清軍不支撤退。七月二十九日，有「日本啟蒙大師」之稱的福澤諭吉，在自己創刊的《時事新報》上發表評論：「日清之戰是文明與野蠻之戰」，是「文明開化、謀求進步之國，與阻礙進步之國的戰爭。」三天後，日本政府發出「宣戰詔敕」，把日清之戰歸咎於

伊東祐亨

清朝。日本報紙的社論也稱：「日清開戰，千古未有之盛事」。

葉志超未戰先怯

在陸戰方面，率兵前往朝鮮的清軍將領是葉志超。葉志超，字曙青，安徽合肥人，農民出身。早年以淮軍末弁，跟從劉銘傳討伐捻軍，積功至總兵。在淮城之戰，他腰部被土銃槍彈擊中倒地，大家以為他必死無疑，不料這枚土銃槍彈擊中他身體時，恰好被腰刀擋住。他毫髮無損地站起來，繼續戰鬥。捻匪潰敗，他獲賜號額圖渾巴圖魯。光緒初年，署正定鎮總兵，後徙防山海關。光緒九年（一八八三年），李鴻章推薦他優於智略，實授定鎮總兵。光緒十五年（一八八九年），擢直隸提督。光緒十七年（一八九一年），率軍討伐熱河教匪，平建昌，連克榆林、沈家窩館、貝子廟，釋下長皋圍，進攻烏丹城，殺李國珍，獲賞黃馬褂、世襲。

謊報軍情，臨陣脫逃

光緒二十年（一八九四年），朝鮮爆發東學黨之亂，日本趁機發動侵朝戰爭。

朝鮮政府向清政府請求援軍，李鴻章命令葉志超選練淮軍一千五百人，率太原總兵聶士成駐守頓牙山。葉志超遲留不進，託人向李鴻章求情，被李鴻章斥責：「亦未必便戰，何怯！」葉志超與太原鎮總兵聶士成率清軍兩千餘人奔赴朝鮮，駐守位於朝鮮西海岸的牙山。

清軍抵達牙山後不久，日軍就水陸並進，前後夾擊牙山。當時駐朝鮮商務委員袁世凱數度要求葉志超，電請北洋發戰艦赴仁川，並增陸軍駐馬坡。但李鴻章擔心增兵會成為日方的藉口，而拒絕增兵，並告誡葉志超不待啟釁。不久，高升商輪運兵近豐島，被日軍擊沉。聶士成對葉志超說：「海道既梗，牙山絕地，不可守。公州背山面江，勢便利，戰而勝，可據以待援；不勝，猶得繞道出也。」葉志超聽從。他命令聶士成率部在成歡阻擊日軍，自己卻逃往平壤。

聶士成在成歡設伏，殺傷日軍千

葉志超

餘人。由於寡不敵眾，被迫撤退至平壤。葉志超向清廷請功以虛報軍情，稱：「成歡之役屢勝，倭死二千多人，葉兵死二百餘人。」並將逃跑至平壤，謊報為一路打敗日軍，轉移到平壤。

清廷聞報大喜，賞銀二萬犒軍。又將葉志超提拔為平壤清軍諸軍總統。葉志超意滿志得，每日置酒高會，當日軍尚未集結時，中國軍隊還占有優勢。光緒帝催促葉志超主動向日軍進攻，葉志超卻一不進攻，二不布置防守。等到日軍集結完畢，從四個方向同時進攻平壤，各路守軍都頑強抵抗時，葉志超又拒絕發兵援助，一心只想棄城逃跑。清軍建威將軍左寶貴看穿葉志超心思，叫人監視葉志超，不許他逃跑。

左寶貴屍骨無存

率領奉軍進入朝鮮作戰的高州鎮總兵左寶貴，是甲午戰爭中第一位戰死沙場的清軍高級將領。左寶貴出生於貧苦的回族農民家庭，原籍山東省齊河縣，其先祖於乾隆年間遷居費縣地方鎮。

左寶貴統兵援朝後，因為晝夜操勞，突患「右偏中風」症，但他仍積極籌備戰守。當時任駐平壤諸軍總統的葉志超主張不戰，退出平壤，左寶貴力言；「敵人懸軍長驅，正宜出奇痛擊，使隻輪弗返，不敢窺覦中原。朝廷設機器，養軍兵，每歲靡金錢數十萬，正為今日耳。若不戰而退，何以對朝鮮而報國家哉？大丈夫建業立功，在此一舉！至成敗利鈍，不遑計也。」他慷慨陳詞，怒色形面，懇望葉志超「同心合力，共濟時艱」。

黃海海戰前兩天，

一八九四年九月十五日，日軍進攻平壤城北，左寶貴率一千五百人駐平壤城北山頂，守牡丹台與玄武門，兵力不及日軍的五分之一。

日軍以絕對優勢向清軍猛撲，對玄武門及全城都造成了極大威脅。在玄武門上督戰的

左寶貴

左寶貴見牡丹台陷敵，知勢不可挽，志在必死。他平常「每臨敵，輒衣士卒衣，身先犯陣。至是，乃衣御賜衣冠，登陴督戰。」部下勸他換掉翎頂和黃馬褂，以免敵人注目。左寶貴回答說：「吾服朝服，欲士卒知我先，庶竟為之死也。敵人注目，吾何懼乎？」

於是他親自燃點大炮，先後發榴彈三十六顆。激戰中，左寶貴已受槍傷，猶裹創指揮，誓死抵御。部下將士見狀，無不英勇搏敵，拼死防戰，「日兵三突之，清兵三退之」，直至城牆崩碎。

在激烈的戰鬥中，左寶貴本人「先中兩槍，仍在炮台指揮。復被炮中胸前，登時陣亡」。左寶貴陣亡，屍骨無存，清軍將士冒著砲火硝煙，只覓得他的一領血衣和一隻朝靴。

潰不成軍

日軍向平壤發動攻勢後，葉志超假意向日本投降，趁機逃離平壤，將大小炮四十尊、槍萬餘支，以及許多糧餉白白丟給日軍。日本人假裝應允投降，實際上在半路進行截擊。當葉志超逃離平壤後，又遭到日軍襲擊，傷亡慘重。清軍棄城逃跑，引起朝鮮守軍的憤慨。他們在清軍出城時，也從後面進行槍擊，打死打傷許多清軍。後來清點人數，清軍在逃跑時傷亡兩千餘人，遠遠高於守城時的死亡人數。

葉志超逃到安州，聶士成認為安州險奧，可以固守，但葉志超不聽，再逃到定州，亦棄而不守。最後渡過鴨綠江逃回中國境內。甲午戰爭中，李鴻章重用了陸軍統帥葉志超和水師提督丁汝昌。在陸地上，平壤一戰，當時駐守的清軍三十五營共一萬七千人，日軍有一萬六千多人，雙方人數相當。左寶貴料知葉志超貪生怕死，故以下犯上，派人監督葉志超控制局面，但左寶貴戰死後，葉志超臨陣脫逃，致使入朝清軍潰敗，而葉志超逃跑當時清軍的傷亡總數尚小於日軍，入朝清軍可說是潰不成軍。

第五節　北洋海戰

在這個生死存亡的關鍵時刻，率領北洋艦隊前往黃海應戰的是水師提督丁汝昌。

丁汝昌家庭並不富裕，童年時代進入私塾。早年曾為太平軍程學啟部將，後投降湘軍，被編入淮軍，一八六二年，丁汝昌參加劉銘傳的銘軍水師營，並參與攻克常州、廣德等戰役。一八六四年太平天國敗亡，丁汝昌隨劉銘傳北上與捻軍作戰，原水師營改編為馬隊，丁汝昌即為馬隊軍官。一八六六年，丁汝昌取得壽光大捷。一八六八年，東捻軍敗亡，丁汝昌授總兵，加提督銜，賜協勇巴圖魯勇號。一八七七年，朝廷擬調任丁汝昌往甘肅，途經天津時，因傷病復發而滯留。後為李鴻章看中，調往新購的蚊子船「飛霆」號，熟悉海軍知識。

丁汝昌轉往海軍

一八七九年，丁汝昌在李鴻章的舉薦下，出任北洋海防兵船督操。翌年，李鴻章推舉丁汝昌帶團前往英國，接收向英國訂購的「超勇」、「揚威」號巡洋艦。在英期間，丁汝昌獲得英國維多利亞女王接見，同時與英國海軍部及艦船設計師交流。期間，他親自研讀海圖，制定航線。整個活動期間，丁汝昌率領的接艦團受到英國各界的好評。一八八〇年，丁汝昌率林泰曾、鄧世昌等官兵回國。一八八二年，朝鮮爆發

北洋水師軍艦

北洋水師軍服

壬午兵變，丁汝昌率北洋水師艦船開赴朝鮮，擒獲朝鮮大院君李昰應，使日本干涉朝鮮計劃落空，防止事態進一步惡化，獲奏賞。

一八八八年，北洋水師正式建軍，丁汝昌出任提督，負責全局人事、後勤與艦隊活動的方針。具體事務由旗下總兵負責。當時中高級官員以留外海軍軍事學校正科班出身的劉步蟾等人為主，他們無視提督軍令，軍紀失控不振，但李鴻章卻因為惜才而力挺，他也受到中下級軍官和外籍顧問的歡迎。

丁汝昌

剋扣軍費，軍備不足

甲午戰爭開戰之前，由於北洋水師的發展停滯數年，已經沒有「大艦巨炮」方面的優勢。晚清用一千六百萬兩白銀購德國軍艦，李鴻章的親信駐德公使李鳳苞按例收回扣五％，即八十萬兩銀。事後有人指責李鳳苞私扣此款，李鳳苞回辯說，這八十萬兩都是給李鴻章及其家人用作國外旅費，自己沒有私吞。

在黃海海戰前半個月，李鴻章上書光緒帝，要求「保艦」的祕摺上，陳述中日軍事實力：「查北洋海軍可用者，僅定遠、鎮遠兩艘……」，之後他致電駐英公使龔照瑗「急速搶購四千噸以上的大型巡洋艦」與「搶購智利鐵甲艦兩艘」，顯示出了焦慮。九月二十三日，李又上摺請求撥下一八八八年以建海軍名義籌集來，實際一直由中央控掌作修園基金的「海軍巨款」二百六十萬兩，僅得到其中一百五十萬兩。

丁汝昌戰前提出需銀六十萬兩購買二十門速炮，配置在主要艦船上，以抵消日艦速射炮的優勢，但是沒有資金，李鴻章只能從海軍日常糧餉給養之中，擠出二十萬兩，聊購次等快炮十二尊，在甲午海戰時還未安裝到位。當時北洋艦隊每年得款僅一百三十萬兩，虧空七十萬兩僅能勉強運營。

其中原因，在於李鴻章的政敵戶部尚書翁同龢，以慈禧太后大壽為由，剋扣海軍衙門的軍費，去修繕頤和園。學者蕭一山指出，「海軍衙門所用於頤和園工程之款，大約為白銀三千萬兩。係時人所周知者，必非捕風捉影之談也。」。

進退失據，中心無主

一八九四年，中日甲午戰爭爆發。朝廷內以翁同龢為首的清流黨煽動求戰。李鴻章十分驚訝：北洋數年未添一艦，後勤彈藥補給又嚴重缺乏，要求丁汝昌儘量「棄戰保船」。七月二十六日，丁汝昌率軍出巡，尋求日軍主力，以報豐島海戰之仇。後無所獲，遂返回威海衛，同時海軍基地內布置水雷，以防日軍魚雷艇偷襲威海衛軍港。但八月二日，清廷嚴厲申飭李鴻章，指責丁汝昌怯懦，所以未能尋獲敵軍。丁汝昌再度率軍出洋，但仍無所獲。言官攻擊更甚，禮部滿籍侍郎志銳甚至要求處死丁汝昌。

八月九日，丁汝昌再次出洋巡邏，第二天日軍軍艦即出現在渤海灣內。引發光緒帝和言官的巨大震動和憤怒。八月二十三日，清廷繞過李鴻章，直接指揮丁汝昌。在不了解前方形勢的情況下，嚴令丁汝昌不得離開旅順威海一線，將北洋艦隊困於渤海灣內。兩天後，翁同龢親自上陣，清流言官上疏彈劾丁汝昌。光緒帝在二十六日下旨，革去丁汝昌的提督職務。八月二十九日，李鴻章趕緊上奏朝廷，指出北洋艦隊存在的重大問題，以及海軍作戰的苦衷。後來，丁汝昌一事驚動慈禧太后。九月一日，清廷收回成命，令丁汝昌暫免處分。

「將在外，君命有所不受」，在軍情瞬息萬變的關鍵時刻，清廷竟然還要「隔空指揮」甚至「處分」陣前指揮作戰的主帥，已經犯了兵法大忌；而且令出多門，前後不一，顯示其中心無主進退失據。與之對比之下，處心積慮，有備而來的日本軍隊，都是按著既定計畫，採取了步步進逼的行動。

步步進逼，殲敵致勝

一八九四年八月一日，日本宣戰後的第二天。日本聯合艦隊收到了殲滅北洋艦隊的命令。八月五日，大本營轉移到皇宮內。當年赴清國刺探情報的小川又次少佐、桂太郎中佐、福島安正少佐都分別隨日軍開赴前線，擔任幕僚或師團長。九月十一日，第五師團主力分批渡過平壤南方的大同江，並劫持了一艘從大同江下游而來的中國商船。參謀福島安正從船上搜出一封清廷發給駐朝鮮單位的密信，上面寫著：「慮平壤華兵乏，方今以泊船數艘，自大沽、旅順送兵鴨綠江岸，且以運糧軍艦護衛之。兵達平壤當非遠也。」福島一面急報日本聯合艦隊司令官伊東佑亨中將；一面向第五師團長報告。大本營因而決定於中秋節隔天的九月十五日，對平壤發動攻擊。

九月，丁汝昌奉命率北洋水師主力，護送陸軍增援朝鮮駐軍。一八日返航時在鴨綠江口的大東溝附近海域，遭遇日本艦隊，雙方發生黃海海戰。丁汝昌在旗艦「定遠」艦飛橋上指揮，被砲火所傷。經過五個小時鏖戰，北洋水師在缺乏彈藥的情況下挫敗，致遠、經遠、超勇三艘巡洋艦被擊沉，揚威號被濟遠撞沉，廣甲號擱淺自毀，共計損失五艘巡洋艦，餘艦均受傷嚴重，日本聯合艦隊有五艘軍艦受重傷。

戰役結束，北洋艦隊返回旅順修理廠修理，但船塢工人大部分逃跑，以致維修進程極度緩慢。十一月十三日，由於日軍從陸路攻近旅順，在未修復的情況下，北洋艦隊被迫離開旅順港，返回無修理廠的威海衛基地。十一月十六日，清廷卻下令指責丁汝昌避戰，革去其頂戴。

槍不對洋，藥不隨械

開戰前，中日双方在火炮、速射機關炮、魚雷管、鐵甲艦、裝甲巡洋艦、防護巡洋艦的數目方面都相差無幾。豐島海戰和黃海海戰兩遇日本聯合艦隊，北洋艦隊被擊沉多艘大型艦艇，但未能擊沉一艘日艦。

傳說是丁汝昌「只識弓馬」，一干管帶也全用錯了炮彈，不用海戰時的開花爆破彈，用了穿甲彈甚至訓練彈。據統計，在定遠和鎮遠發射的一九七枚十二英寸口徑炮彈中，半數是固體彈頭的穿甲彈，而不是爆破彈頭的開花彈。豐島海戰中濟遠艦一枚一五〇〇mm火炮擊中吉野舷窗，擊壞發電機，墜入機艙裡，可是由於彈頭裡面未裝炸藥，所以擊中而不爆炸，使吉野僥倖免於報廢。

黃海海戰中，北洋海軍發射的炮彈有的彈藥中「實有泥沙」，有的引信中「僅實煤灰，故彈中敵船而不能裂」。當時在鎮遠艦上協助作戰的美國人麥吉芬（McGiffin）認為，吉野號能逃脫，是因為所中炮彈只是固體彈頭的穿甲彈。

從武器裝備的角度來看，北洋水師當時原有軍械普遍陳舊，欲購置新軍械，又苦於經費不足。擔任天津軍械局總辦、負責軍需供應的張士珩，是李鴻章的外甥，被指責供給海軍的彈藥不合格。梁啟超為此評論說：「槍或苦窳，彈或贗物，槍不對彈，藥不隨械，謂從前管軍械之人皆廉明，誰能信之？」

自我辯解，憤不欲生

李鴻章對甲午之敗曾如此自我辯解：「十年以來，文娛武嬉，釀成此變。平日講求武備，輒以鋪張糜費為疑，至以購械、購船，懸為厲禁。一旦有事，明知兵力不敵，而淆於群哄，輕於一擲，遂至一發不復收。戰絀而後言和，且值都城危急，事機萬緊，更非尋常交際可比。兵事甫解，謗書又騰，知我罪我，付之千載……」。從整個甲午戰爭的過程來看，李鴻章雖將所有淮軍主力部隊派往前線，希望全力與日本一戰，但雙方實力懸殊，又用人不當，導致了戰敗。吳汝綸說：「平壤之敗，李相國痛哭流涕，徹夜不寐……及旅順失守，憤不欲生。」梁啟超則說「李之失機之處多矣，然不失機亦絕無可勝之理」。

甲午戰敗後，在各方指責下，原本紅極一時的疆臣首領李鴻章，從此不再有以前的風光。慈禧太后六十大壽之日，曾破格賞予李鴻章原本只給滿族宗室貝子或以上貴族的「三眼花翎」，當時為漢人唯一，曾國藩亦只獲授雙眼花翎。甲午兵敗後，李鴻章之三眼花翎亦被褫奪。不久，由於日本拒絕張蔭桓和邵友濂為談判代表，要求中國必須派出一名爵資望最高的全權大臣，李氏不得不受命赴日本講和，在赴馬關前向朝廷要求，而再獲三眼花翎。

馬關議和，內外交迫

一八九五年三月二十四日，李鴻章到日本商討簽定馬關條約問題時，刺客小山豐太郎開槍擊中其左面，血染官服，當場昏倒。剎那間，現場大亂，行人四處逃竄，行刺者趁亂躲入路旁的店鋪里。隨行的醫生馬上替李鴻章急救，幸好子彈並未擊中要害，李鴻章迅速復原，日本警方也很快抓到小山豐太郎。他供認，自己是日本「神刀館」的成員，一心希望戰爭繼續，他不希望停戰，看到日清議和，所以決定借刺殺李鴻章，挑起中日之間的矛盾，破壞和談。

一八九四年十二月五日，福澤諭吉在《時事新報》社論中主張甲午戰後日本是戰勝國，所以有充分理由要求割讓台灣，以繼續維持琉球的安全。不久，日本內閣總理大臣伊藤博文即向廣島大本營提出《直衝威海衛並攻略台灣設計圖》的意見書，主張「進攻威海衛」，「同時攻佔台灣」。在一八九五年二月，日軍海陸聯合，殲滅山東半島上威海衛軍港內的北洋海軍，俘獲鎮遠、濟遠等艦，編入日本侵台艦隊。

一八九五年三月，中日於馬關和談期間，日軍趁機占領了澎湖，逼迫割讓台灣。巡撫唐景崧上書朝廷：「倭窮甚，外洋肯借彼債者，特中國有賠款耳！我若堅持停和議並不允賠款，彼計立窮，無可借貸，勢必潰敗」，希望李鴻章堅持「台灣是中國不可分割的一部分」。馬關交涉期間，李鴻章遇刺負傷，稍癒後日本送來和約綱要，要求割讓台灣及遼東半島。

李氏告訴日方代表陸奧宗光和伊藤博文：「今查擬請所讓之地，如果勒令中國照辦，不但不能杜絕爭端，且必令日後兩

馬關談判_李鴻章與伊藤博文

國爭端紛紛而起，兩國子子孫孫永成仇敵，傳之無窮矣。我輩既為兩國全權大臣，不能不為彼此臣民深謀遠慮，自應立一永遠和好互相援助之約，以保東方大局。」

但伊藤博文的回應卻是：「我國武員欲分道攻北京，和議須速成」，他並威脅李鴻章「我廣島大本營派運兵船三十艘已赴大連灣，其小松王等明日督隊繼進，若再改約款，和議即決裂。」他告訴李氏，小松宮彰仁親王督隊的精銳部隊，是駐地分別大阪及東京的第四師團及近衛師團，北白川宮能久親王在該年初轉任近衛師團長，當時正往遼東半島前進，準備攻占北京，逼迫清廷作城下之盟。

割地賠款，喪權辱國

日本方面毫不讓步，李鴻章只好被迫簽定《馬關條約》，割讓台灣、澎湖及遼東半島並賠償白銀二萬萬兩，因此背上賣國賊罪名。他向台灣仕紳林維源解釋：「割台之議，前往馬關，爭執再四，迄不可回；倭欲得之意甚堅，既不許亦將力取；澎湖先已殘破，台防亦斷不可支，與其糜爛而仍不能守，不如棄地以全人，藉以解京師根本之迫。兩者取其輕，實出萬不得已。」

而在條約上簽字的時候，李鴻章故意以花押體把自己的名字連在一起，變得難以辨認，使其看起來像一個「肅」字。事後由於條約過於苛刻，損害了俄德法的在華利益，於是李鴻章設法交結三國，聯手干預，逼日本放棄遼東半島。最後，中國又以三千萬兩銀贖回遼東半島。

甲午戰敗，李鴻章力主拉攏俄國，共同對付日

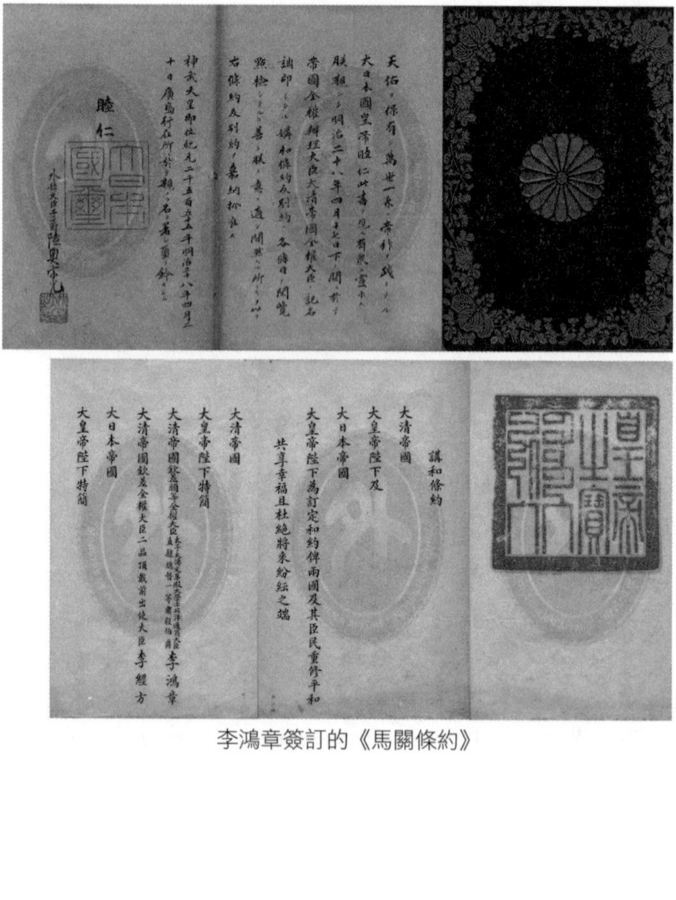

李鴻章簽訂的《馬關條約》

本，權衡之下，與帝俄簽署《中俄密約》，對中國利權做出了相當程度的犧牲。

當時擔任俄羅斯財政大臣的謝爾蓋・維特為此報請沙皇，批准成立三百萬盧布的所謂「特別基金」，以抵補中東鐵路授讓權有關費用，該基金又稱為「李鴻章基金」。但後來由於維特的阻擾，李鴻章僅得到小部分款項，維特的回憶錄否認在聖彼得堡談判時行賄，但未說明之後是否行賄。

直到《中俄密約》簽訂五年後的一九〇一年，維特仍然打電報給駐北京全權公使，指示協定締結後，可再撥五十萬盧布給李鴻章。時任俄羅斯陸軍大臣的庫羅巴特金也在日記中表示，維特收買了李鴻章。

李鴻章簽訂《中俄密約》

結論

本系列套書題為《夾縫中的台灣》，其三部曲的第一部是「夾縫」。甲午戰爭是決定台灣近代命運的一場戰爭，它是日本決定「脫亞入歐」之後，模仿西方殖民帝國主義，對中國所發動的第一場戰爭，是中西兩大文明交會的結果，也是「五四意識型態」的重要根源。許多人因為清廷君臣上下在這場戰爭中的表現，而對儒家文化產生了「全盤否定」的態度。

美國歷史學家Arthur F. Wright在檢視中國歷代深受儒家思想影響的名臣之後，歸納出十三點「儒者人格」的特質，包括：⑴順從權威，⑵順從禮儀規範，⑶尊重歷史，⑷喜好學習傳統，⑸尊重典範，⑹重視道德修養甚於特殊才能，⑺偏好國家及社會的和平改革，⑻小心謹慎，偏好中庸之道，⑼不好競爭，⑽對偉大任務負有使命感，⑾在困境中保持自尊，⑿在道德及文化上排斥異端，⒀待人注意細節。

他認為：「當中國努力地在古老的廢墟上建立新社會時，儒家的態度和行為模式也變得荒謬和不合時宜。」

從本書對李鴻章的論述來看，許多對儒家思想不求甚解的人，似乎很容易在李氏一生的行為中，找到以上所列「儒者人格」的特質。然而，從本書前兩章對曾國藩和左宗棠兩人的論述中，我們也同樣可以找到同樣的「儒者人格」特質，但真正的儒者對於他們的歷史評價卻是截然不同。

李鴻章「善於作官」，而且蔭及親族，所以「滿門富貴」，當時戶部尚書翁同龢便諷刺他「宰相合肥天下瘦」。李鴻章聞訊，也不甘示弱地反唇相譏：「司農常熱世間荒」，甲午戰爭中，「主戰」、「主和」兩派結怨之深，可見一斑。

跟李鴻章對比之下，曾、左兩人的一生行誼，更可以用來說明所謂「儒者人格」之說的可疑。在清廷統治的社會條件下，他們兩人的作風都如齋風朗月，可以「問心無愧」，尤其是左宗棠。有人估計：如果沒有他展現出「抬棺抗俄」的決心，中國的領土大約要比現在少六分之一！其間差異，就在於作為道德主體的良知！

在西方學術界裡，Arthur Wright是屬於「韋伯學派」（Weberian School）的重要學者之一，研究社會科學的人大多知道：Weber在學術上畢生用力之所在，是在闡釋西方文明中資本主義發生的原因。他認為：從十六世紀文藝復興之後，理性主義在宗教、科學、法律、政治等各個領域中的興起，是西方工業資本主義產生的原因；而基督新倫理則是促成資本主義發生的精神因素。

為了解釋二十世紀以前中國不發生資本主義的原因，他在《中國的宗教：儒教與道教》一書中，逐一檢視傳統中國社會中的貨幣制度、城市與商會、家產制國家與科層政治，親屬組織以及法律，並深入探討儒家及道家思想在傳統中國社會中的體現。他最後的結論是：以儒家倫理為核心所構成的「中國意索」（Chinese ethos），有礙於資本主義的發展。

在《盡己與天良：破解韋伯的迷陣》一書中（黃光國，二〇一五），我曾經指出：韋伯所著的《中國的宗教》一書，在方法學上犯了「分析二元論」（analytical dualism）者所謂的「混接的謬誤」（fallacy of conflation）（Archer，一九九五），將「文化系統」（cultural system）和「社會與文化的交互作用」（socio—interation）混為一談。

在《內聖與外王：儒家思想的完成與開展》中（黃光國，二〇一八），我先建構普遍性的「自我」與「關係」的理論，再以之作為架構，分析儒家的「文化系統」；

在本書中，我再用心理史學的方法，在「社會與文化互動」的層次上，分析清代名臣如何對抗西方殖民帝國主義。兩者互相對照，我們更可以清楚看出：韋伯在研究方法上的不足。在下一章中，我們可以再用同樣的方法，析論「戊戌變法」失敗的原因。

第九章　康梁變法與百日維新

本書第五章論及陽明學對明治維新的影響，許多人立刻會產生一項疑問：日本的明治維新成功了，中國的「戊戌變法」為什麼失敗呢？

以研究同治中興出名的美國歷史學家Mary C. Wright發現：在同治時期，中國國內名臣輩出，外國與中國相當合作，可以說是中國現代化的最好時機，而同治中興仍然是失敗了。她認為失敗的主要原因是：當時發起「洋務自強運動」的士大夫「我族中心主義」心態頗強，在鴉片戰爭和英法聯軍之役相繼戰敗之後，他們雖然主張「師夷人之長技以制夷」，但是卻以為：「中國文武制度，事事遠出西人之上，獨火器萬不能及」，因此洋務自強運動的主要內容如設立同文館、江南製造局、馬尾造船廠、以及派遣留學生出國，其目的只是在學習「泰西技藝」、「造輪船，製槍砲」，以求得

「船堅砲利」，一如西人。

在她看來，這種觀念出自於儒家抗拒變革的心態。由於「儒家要求安定的特性和現代化的條件正好衝突」，所以即使在最有利的條件下，儒家社會也不能變成近代國家。

破解「西方中心主義」的謬誤

Mary C. Wright是Arthur Wright的妻子，兩人的學術路線同屬「韋伯學派」，他們對於儒家不僅是認識偏頗，而且同樣犯了「歐洲中心主義」（Eurocentrism）的毛病。要破解這種學術神話，必須思孜本書的主張，從心理史學的角度，了解歷史關鍵人物當時所處的時空脈絡，尤其是決策者所屬的權力結構，藉以分析他們為什麼會作出某種決策。我們可以先從一則故事說起：

一七九二年英國使節團帶來英國國王喬治三世送給乾隆皇帝的精密儀器、快膛槍等禮物，都是當時最先進的科技成果，卻被當作「奇技淫巧」的「工藝品」，擺在圓明園的宮殿裡，直到一八六〇年英法聯軍攻進圓明園的時候，這些「貢品」仍然完整無缺的擺在那裡，六十多年來都沒有人動過。

從本書第三章宏觀歷史的角度來看，在那個時代，東歐的許多國家的領導人，像普魯士的腓特烈一世、俄國女沙皇凱薩琳二世，也都忙著在向「西方國家」學習，凱薩琳的公公彼得一世甚至還裝扮成「彼得下士」，親自跑到西方學習。相較之下，以「天朝上國」自居的乾隆皇帝，看到代表西方科技成果的「貢品」，卻認為那是西方的「奇技淫巧」之物，沒有引起他絲毫的學習動機。

鴉片戰爭之後，中國開始步入

馬戛爾尼爵士跪在乾隆皇帝面前呈送「貢品」的諷刺畫

「羞辱的世紀」，對外戰爭連連失利，尤其是在甲午戰爭之後，清廷竟然敗於「維新」之後新興的日本，這才激起當時一班士大夫想要發起「救亡圖存」的自強運動。我們可以從心理史學的觀點，分析「戊戌變法」領導人所處的時空脈絡，藉以說明它跟「明治維新」的對比。

第一節　由《大同書》到「公車上書」

康有為（一八五八—一九二七）廣東南海人，生於官宦之家，父親康達初做過江西補用知縣，母為勞氏。自幼學習儒家思想，致力於經學、理學、史學，偏好經世致用之道。二十一歲開始接觸西方文化，尋求救世利民之途。光緒八年（一八八二年），康有為到北京參加順天鄉試，沒有考取。南歸時途經上海，購買了大量西

康有為

方書籍，吸取了西方傳來的演化論和政治觀點，試圖揉合中西之說與佛典，形成他維新的思想體系。

鄉試中舉

梁啟超（一八七五—一九二九）廣東省新會縣人，出自一個半耕半讀的家庭。父親梁寶瑛，考秀才屢試不第，將自己未能實現的願望寄托在兒子身上。梁啟超幼年時在家中接受傳統教育，熟讀《四書》、《五經》，他聰穎過人，被譽為「神童」，八歲學為文。九歲到新會縣衙參加縣試，主考官彭君穀知縣看其試卷後，拍案叫好，傳他到縣衙，為其打開麒麟門，進入縣衙單獨會見。梁啟超對知縣提出的問題對答如流，顯得才華出眾，取為第一名。縣試之後四個月，梁啟超到省城參加府試，輕易得到第一名。兩年後，到省城參加院試，又中第一名，成為秀才。

一八八九年八月（光緒十五年），十六歲的梁啟超在廣州參加鄉試，正考官內閣學士李端棻非常欣賞梁的才華、見識及膽略，副主考翰林院撰修王仁堪亦深感人才難得，想將梁招贅入婿，未及開口，李端棻就先請王仁堪作媒，將其堂妹李蕙仙許配予梁，並派人到新會將梁寶瑛接來廣州。梁寶瑛爽快答應這門親事後，梁啟超回到新會拜謝祖先，即到廣州學海堂刻苦攻讀，準備參加會試。

萬木草堂

翌年入京，參加會試，因朝中守舊勢力排斥新思潮，不中落第。回粵時路經上海，購得《瀛寰志略》等書，始知世界有五大洲各國，冀望能得到名師指點。學海堂好友麥孟華介紹梁找陳千秋。梁從陳口中得知康有為曾向皇帝上書請求變法，因而求陳儘快引薦，與康見面。康向梁痛陳朝廷腐敗，及為什麼必須向西方學習救國救民之道理。梁聽後深感自己知識淺薄，即拜康先生為師。

萬木草堂

光緒十七年（一八九一年），在梁啟超、陳千秋的邀請下，康有為創設萬木草堂，梁、陳二人充任學長，成為學生首領。同時，梁啟超又與韓雲台在廣州衙邊街設立學館，闡發自己的學術見解；更與昔日學友廣為聯繫，結交朋友數百人。萬木草堂培養的學生，日後成為維新變法的骨幹。

《大同書》

康有為聚徒講學的內容，為中國學術源流，政治沿革得失，取西方各國作為對比，闡明變法救國之道。「有時語及國事杌隉，民生憔悴，外侮憑陵，輒慷慨欷歔，或至流涕」，聽者因而「振盪怵惕，凜然於匹夫之責」。

這段期間的重要著述第一是《新學偽經考》。「新」是指王莽的國號，內容指劉歆為要助王莽篡漢，用孔子的語氣偽造了幾種古文經，包括《周禮》、《逸禮》、《毛詩》、《左氏春秋》湮滅了孔子的微言大義，所以應稱為「新學」而非「漢學」。

《大同書》

其次是《孔子改制考》，謂經書係孔子假古人的言論，按自己的想法寫成，基本精神是托古改制，將古代政治理想化，旨在證明孔子也是一位維新派，用孔子來支持自己的變法主張。第三是《大同書》，主旨在「天下為公，人己同權」的理論，認為歷史是進步的。書中將政治社會的演變分為三個階段，由據亂世，昇平世，而太平世。目前尚為據亂世，只可講小康；到了昇平世，應先改革政治，謀國家的富強，實現理想中的大同世界，即太平世，共同治理，共同生產，共同生心，一切平等。

梁啟超在萬木草堂協助康有為著書立說，作改革之理論準備，自己則專心研讀江南製造局所譯之西書，並學習英國人傅蘭雅編輯的《格致彙編》期刊，努力思索救國良策。

光緒二十年（一八九四年）慈禧太后六十壽辰，特設恩科會試。新年過後，梁啟超攜妻女北上，抵京與康

慈禧太后

有為會合。他在北京廣交朋友，與曾廣鈞、盛伯熙、張謇等京官互相聯絡，大力向翁同龢、李鴻章等高官宣傳康有為著作的《新學偽經考》、《孔子改制考》，在北京思想界掀起一股颶風，對知識分子產生巨大的影響，同時引起守舊派官員不滿，康有為也遭到彈劾。梁得知此事，四處奔走，為其說情，懲辦康有為的氣氛才稍為緩和。

公車上書

光緒二十一年（一八九五），光緒二十一年（一八九五），甲午戰爭爆發後，北洋水師全軍覆沒，李鴻章赴日簽訂《馬關條約》。在北京參加乙未科會試的舉人群情激憤。梁奉康之命，相繼聯合各省準備參加會試的舉人數百人，分批發起上書，企圖阻止簽訂和約。台灣舉人汪春源、羅秀惠、黃宗鼎亦聯合台灣籍官員葉題雁、李清琦，上書表示「全台弟子誓不與倭人俱生」，史稱「五人上書」。

上書後朝廷不答覆，舉人們更加義憤填膺，兵部尚書孫毓汶派人到各省會館恐嚇舉人，阻止上書。於是康有為連夜起草、梁啟超修改完成《上今上皇帝書》，在松筠庵聚集近一千三百名舉人，包括徐世昌、袁世凱等官員，紛紛在萬言書上簽名。四月初八日，以康、梁率領數百名舉人，依漢代孝廉慣例，乘著公家車輛，首尾相連五里，開往都察院上書，史稱「公車上書」。朝廷擔憂人心洶湧澎湃，局勢有變，提前於當天批准和約，都察院也以皇帝已經蓋璽批准和約為由，拒絕接受上書。

雖然朝廷拒絕上書，但此事已經在社會上產生巨大影響，公車上書亦被認為是中國群眾性政治運動的開端。康梁二人從此成為全國知名的政治領袖人物，萬言書所講：「使前此而能變法，則可以無今日之禍，使今日而能變法，猶可以免將來之禍」；「當以開創之勢治天下，不當以守成之勢治天下；當以列國並立之勢治天下，不當以一統垂裳之勢治天下」，

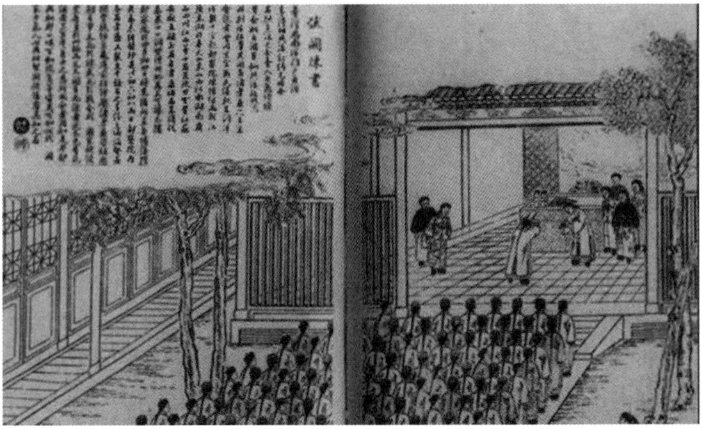

公車上書

成為日後「維新派」的基本主張。

第二節　倡議變法

光緒二十一年六月，梁啟超根據康有為的構想，在北京創辦《萬國公報》，製造輿論，宣傳維新，報紙名稱與上海廣學會所編的《萬國公報》相同，以便推廣。當時廣學會總幹事英國人李提摩太亦參與其事，他主張用西方模式改革中國政治、經濟及教育。梁兼任其中文秘書，受李之影響頗大。開報兩個月後，根據李建議，改名為《中外紀聞》，以與《萬國公報》區別，以編譯外電西報和刊載上諭奏章為主要內容；並組織「強學會」，對打開士大夫閉塞的思想，影響鉅大。

梁啟超

李提摩太

《時務報》

維新派的活動引起了保守派的恐懼，他們以「私人堂會，將開處士橫議之風」上奏慈禧太后。慈禧太后以光緒皇帝名義，下令嚴禁強學會議論時政，《中外紀聞》被逼停刊。

強學會解散後，梁啟超應汪康年與黃遵憲之邀到上海，籌辦《時務報》。由梁啟超主筆政，撰《變法通議》一系列文章，主張各種制度無時無事不變，今日尤需要主動求變，否則必為列強瓜分而亡國。以往的自強新政無不仰賴西人之助，結果是只利於外國，中國反蒙其害。「變法之本在育人才，人才之興在開學校，學校之立在變科舉，而一切要其大成在變官制」；變官制應伸民權，中國二千年來，君權日尊，國威日損。如設立議院，使君權與民權並立，議會與行政分開，自然可強。再不

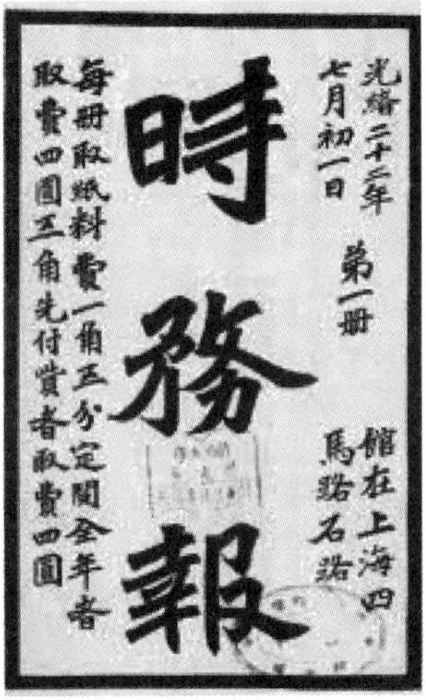

《時務報》

變法，可能發生革命。最好採用英國、日本的辦法，行民權而不取民主。梁的文字流暢，一時之間爭誦，數月之內，《時務報》銷行量達到一萬餘份。

自一八九五至一八九七年，維新人士最活躍的地區為北京、上海、天津、湖南，次為湖北、江西、廣西、浙江、福建、陝西等省。他們的機構有學會、報館、學堂。參加公車上書的舉人散歸各地後，也有推動的作用。學會的成立，有如雨後春筍，其數多至百餘，報紙亦由十九種增至七十種。清代禁止士民結社論政，已經被完全打破。

梁啟超與譚嗣同

一八九七年，又編印《西政叢書》，三十二種。設大同譯書局、女子學堂、不纏足會。當時康有為創《知新報》於澳門，開「聖學會」、「廣仁學堂」，發行《廣仁報》於桂林。湖南風氣素稱閉塞，由於巡撫陳寶箴及子三立、署按察使黃遵憲、學政江標、徐仁鑄與地方人士譚嗣同、唐才常、熊希齡輩的領導，創設「時務學堂」、「南學會」、《湘學新報》（旬刊）、《湘報》（日刊），舉辦各項新政，氣象頓變。

譚嗣同（一八六五—一八九八），湖南長沙人，平日傾心於王夫之、黃宗羲之學及龔自珍、魏源等人的議論，對康有為十分景仰。著有《仁學》，強調社會、政治制度的變化，「必須衝決一切束縛網羅」。今日外患已深，「分割兆矣，已倒懸矣，國與教與種，將偕亡矣！惟變法可以救之」。他與梁啟超竊印《明夷待訪錄》、《揚州十日記》等禁書數萬冊，加以案語，秘密散布，痛斥滿清當道之愚與私，甚至說中國「二千年來之政，秦政也，皆大盜也」。君權非由神授，君主應為公眾所推舉。他理想的社會與康的「大同」相近，而措詞則更為激烈，因此，遭到嶽麓書院山長王先謙、葉德輝等守舊派的打擊，令梁大病，不得不回滬治病。

保國會

光緒二十三年，德國佔領膠州灣，康有為再次上書請求變法。次年一月，光緒皇帝下令康有為條陳變法意見，他呈上《應詔統籌全局折》，又進呈所著《日本明治變政考》、《俄羅斯大彼得變政記》二書。

是年三月，康梁在北京成立保國會，以「保國」、「保種」、「保教」為宗旨。其活動主要集中在變法、外交、經濟等方面，希望能夠協助朝廷治理國家，是中國近代歷史上第一個政黨雛形。接著，各省相繼成立類似的自保會。守舊派官員，指責其「攬權生事」、「形同叛逆」，光緒則謂「會能保國，豈不甚善？」

光緒帝師翁同龢

翁同龢為光緒的老師，對於新學西政，所知無多，但卻頗為有心，經常啟導光緒的政治觀念。光緒十九歲時，翁為講說聖賢治績，特進呈馮桂芬所著《校邠廬抗議》，謂為最切時宜，並勸他留心洋務。一八九一年，光緒開始學習英文；一八九五年翁又以湯震的《危言》、陳熾的《庸書》進呈，並讀《泰西新史攬要》，翁盛讚他精爽英明。

第三節　百日維新

翁同龢接觸過不少維新人物，頗賞識他們的才學，承認變法的必要。維新派風潮既起，又得到有力大臣翁同龢的支持與光緒帝的同情，聲勢似乎頗壯，但阻力亦復不少。

榮祿及軍機大臣剛毅，對康有為極為痛惡，飽經事故的恭親王態度消極。翁同龢因為頻頻受到彈劾，不敢積極主張。五月二十九日，恭親王卒，康促翁及時行動，翁反希望他離京，以避人言。康再為御史楊深秀、侍讀學士徐致靖草摺，請明定國是，力行維新。

光緒下定最後決心，以去就相爭。他告訴慶親王奕劻：「太后若不給我事權，我願退讓此位，不甘作亡國之君。」慈禧答應允不再過問此事。一八九八年六月十日，光緒命翁擬變法上諭，十一日正式頒布《明定國是詔》：「數年以來，中外臣工講求時務，多主變法自強，……惟是風尚未大開，論說莫衷一是。……朕維國是不定，則號令不行，極其流弊，必至門戶紛爭。……用特明白宣示，各宜努力向上，發奮為雄。以聖賢義理之學植其根本，又須博採西學之切於時務者，實力講求，以救空疏迂謬之弊。……務求化無用為有用，以成通經濟便之才」，於是開始了「百日維新」。

國是詔下，維新派為之歡騰。六月十六日，康第一次，亦是最後一次，見到光緒。君臣一致認為非盡變舊法以之維新不能自強。康說，變法須先將制度、法律改定，三年可以自立。有關變法之事，可特下詔書，使守舊大臣無從駁議。中國大患在民智不開，八股試士必須廢除，並論到籌款、築路、練兵、興學、譯書諸事。光緒本欲重用康，但為剛毅反對，僅命在總理衙門章京，辦理變法事宜。

光緒帝

在變法步驟上，康有為根據日本明治維新經驗，主張以循序漸進方式進行。可是譚嗣同與梁啟超等人極力反對溫和主義，認為中國「積弊疲玩」，主張以雷霆萬鈞之手段，打破舊局面。變法急於求成，缺乏必要的計畫與策略，造成上下一片混亂。

戊戌變法與政變

戊戌變法之初，在康有為的幕後主持下，光緒皇帝推動了一系列的改革。後經學者考證，光緒皇帝收到的每筆奏摺，全文或摘要皆須送慈禧審閱，在清宮檔案中均有詳細紀錄，因此慈禧太后對變法內容完全知情。若慈禧不支持變法，戊戌變法不會維持一百天時間。

慈禧其實說不上有何政見，惟知攬權而已。有人說如果奉戴她來變法，她將不會反對，應屬可能。這一點可以從同治朝及光緒前期的推行新政見看出來。

現在光緒要爭取自主，表面上她勉強容忍，內心其實憤恨難安。國是詔頒發後四天，翁同龢被革職，派榮祿署理直隸總督、北洋大臣。次日刑部尚書崇禮兼署步軍統領，分別掌握京師駐軍，控制首都。不久又命禮部尚書懷塔布、軍機大臣剛毅分管京營，對光緒均極不利。

四國「合邦」

一八九〇年代，列強在東亞，壁壘分明。英、日對於俄、德、法陣線極端不安，德佔膠州灣後，英、日開始分向劉坤一、張之洞遊說，希望與中國結合。日本更為積極。一八九八年初，日本武官訪張之洞，力言中國聯交英、日的重要。復說譚嗣同、唐才常，謂中、日唇齒相依，甚悔從前交戰，中國若不能存，日亦必亡。如中、日聯盟，再引英國相助，定可遏止俄國在東亞的侵略。日人新成立的「興亞會」，邀宴上海名士，謂白人「席捲六合，印度、緬甸、安南依次被滅，至今屹然為狂瀾砥柱，……以為亞洲剝極之復者，舍中、日其誰與歸？」聞者莫不悚然，欲與日本釋怨修好。

根據雷家聖在《失落的真相：晚清戊戌政變史事新探》一書中指出：戊戌變法期間，日本前首相伊藤博文曾經到中國訪問。當時英國傳教士李提摩太向康有為建議，請清廷聘請伊藤為顧問，將中美英日四國建立為一個類似獨立國協的「合邦」，藉以對抗俄國。

變法派官員在伊藤抵華後，紛紛上書請求重用伊藤，引起保守派官員的不滿，楊崇伊因此密奏慈禧太后：「風聞東洋故相伊藤博文，將專政柄。伊藤果用，則祖宗所傳之天下，不啻拱手讓人。」這種強烈的警告，促使慈禧太后在九月十九日由頤和園回到紫禁城，想要了解光緒皇帝對伊藤的看法。

這時候，在康有為授意下，變法派官員楊深秀於九月二十日上書光緒皇帝：「臣尤伏願我皇上早定大計，固結英、美、日本三國，勿嫌『合邦』之名之不美。」另外一位變法派官員宋伯魯也在九月二十一日上書：「渠（李提摩太）之來也，擬聯合中國、日本、美國及英國為合邦，共選通達時務、曉暢各國掌故者百人，專理四國兵政稅則及一切外交等事。」儼然主張將中國軍事、財稅、外交的國家大權，交於外人之手。

伊藤博文

慈禧太后返回紫禁城後，獲知此事，認為事態嚴重，才當機立斷發動政變，重新訓政，結束了戊戌變法。

光緒密詔勤王

促使慈禧發動政變的另一個關鍵是袁世凱對於維新變法的態度。袁世凱自朝鮮歸來，受到李鴻章重用。他向督辦軍務處提出練兵計劃，一八九五年十二月得到李鴻藻、榮祿的支持，奉命在天津小站督練新軍。第二年，為人參劾，幸賴榮祿大力相挺，方能無事，可見他們的關係非同泛泛。袁亦經常奔走於翁同龢之門，百日維新開始之時，袁世凱與翁深談時局，慷慨自誓，儼然是位愛國志士，這時他已升任直隸按察使。

一八九五年，袁世凱與徐世昌、張之洞等都列名參加康有為建立的強學會，並出資贊助。戊戌變法期間，以光緒帝為首的帝黨（維新派）和以慈禧太后為首的后黨（守舊派）發生激烈爭執。手握重兵的袁世凱成為雙方爭奪的對象。康有為以為袁頗知外事，參加過強學會，派人和他聯絡。袁表示對康極為欽佩，對榮祿則有不滿之詞。康信以為真，建請光緒召袁入京，以備不測。

八月二十四日，上諭宣布慈禧、光緒定於十月十九日往天津閱兵。當時，京中盛傳屆時將行廢立。舊派承慈禧之意，與榮祿密商。新派則是日夜憂懼，擔心自身缺乏武力作為後盾。康建請光緒仿日本之制，建立參謀本部，選忠貞勇士，由皇帝自行統馭。九月十四日，光緒擬開懋勤殿代替軍機處，準備召梁啟超、李端棻等人共議新政。

他赴頤和園請求慈禧批准，竟未獲准。大出他的意料之外。於是光緒召見楊銳，賜給康有為密詔，說太后堅持不肯變法，自己權力不足，如操之過急，「朕位且不能保，何況其他？朕今問汝，可有何良策，俾舊法可以漸變，將老謬昏庸之大臣盡行罷黜，而登進通達英勇之人，令其議政，……而又不致有拂聖（慈禧）意。爾等與林旭、譚嗣同、劉光第及諸同志等妥速籌商，……候朕熟思審慮，再行辦理」。

袁世凱告密

九月十六日，光緒帝召見袁世凱，賞候補侍郎，責成專辦練兵事務，並隨時具奏應辦事宜。十七日，二次召見，命與榮祿各辦各事，暗示他可不受榮祿節制。同日，派康有為往上海督辦官報局，以去反對者的目標，密諭以此舉實有不得已之苦衷。

十八日康有為接到光緒帝密詔，密詔中光緒帝認為自己皇位不保。於是康有為與林旭、譚嗣同、梁啟超等共商，決定勸譚嗣同遊說袁世凱，要他舉兵勤王。

當晚，譚嗣同與袁世凱秘密在京郊法華寺見面，譚嗣同要求袁世凱率領敢死將士數百，擁光緒帝登上午門，殺榮祿，除舊黨。袁世凱表示誓死效忠皇上，但表示立即舉兵勤王有困難，「殺榮祿乃一狗耳！然吾營官皆舊人，槍彈火藥皆在榮祿處，且小站去京二百餘里，隔於鐵路，慮不達事泄。若天津閱兵時，上馳入吾營，則可以上命誅賊臣矣。」譚嗣同無奈同意。

二十日，袁世凱向皇帝辭行後乘火車回天

譚嗣同

譚嗣同塑像

津，立刻向榮祿告密，榮祿即日回京，密奏慈禧太后，太后於翌日宣布廢除新政。

政變之後，慈禧除光緒幽囚，康有為已於政變前一天出京，得李提摩太及上海英領事之助，南走香港。梁啟超得日本公使林權助之助東渡日本。譚嗣同自願為主張犧牲，與楊深秀、劉光第、楊銳、林旭、康廣仁、張蔭桓被逮捕。張以日、英使營救，與禮部尚書李端棻遣戍新疆，餘俱於二十八日被殺，號稱「戊戌六君子」。

策劃政變的榮祿內調為軍機大臣，仍節制北洋各軍，操軍政大權。被光緒革罷的京官，度起用，被裁撤的職官照常設置。復八股舊制，停經濟特科，禁士民上書、結社，撤農工商總局。百日維新期間所宣布的新政，除京師大學堂外，一律廢除，一切恢復舊觀。維新變法以失敗告終。

第四節　「明治維新」與「戊戌變法」的比較

從本書的析論中，我們可以看出：「明治維新」在日本之所以成功，「戊戌變法」在中國之所以失敗的主要原因。

「國族意識」與文化傳統

明治維新是一場型塑日本「國族意識（nationalism）、富國強兵、殖產興業、文明開化」的「建國運動」；它也是日本傳統精英階層將外來威脅導向國家認同意識的過程，並要求「王政復古、尊王攘夷」的國家統一和主權獨立。

明治維新的領導者們，完全不覺得自己是在進行一場意識型態上的革命，而只是把它當作一份必須完成的任務。他們設定的目標就是把日本變成一個不容輕視的現代化國家。他們並不想徹底的反傳統，也沒有辱罵或批判封建階級或沒收其財產。相反地，他們用足夠多的俸祿誘惑封建階層，使他們成為自己的擁護者。

明治維新並不是一場階級革命。明治維新前，武士扮演了統治的角色，在維新後建立的明治政府中，武士仍然佔據統治地位。武士階級既是明治維新的勝利者，也是明治維新的失敗者。在西南戰爭中，西鄉隆盛所領導的舊武士集團被明治政府的軍隊消滅了。明治政府又派出一半的政府官員到西方國家學習。通過明治維新，日本獲得了一個願意並能夠實施改革的「領導集團」。在明治維新中，嶄露頭角的領導者，正是新日本的締造者。

舉國上下，力求富強

一八六八年，明治天皇親政後，發表「五條誓文」，宣是要「求知識於世界」，他親筆題詔書：「開拓萬里波濤，布國威於四方。」成為日本對外政策的主導思想。

明治政府成立三年後，派遣了幾乎是「半個政府」的使節團，再加上六十位留學生的上百人團隊，前往歐美考察。使節團包括全權大使右大臣岩倉具視，四位副使則是參議木戶孝允、財務大臣大久保利通、工業部長伊藤博文、外交部副部長（外務少輔）山口尚芳等四十六名官員。

為了要跟西方國家交涉修改不平等條約，當年底使節團搭上美國輪船，從橫濱出發奔赴美國和歐洲，考察各國情況、學習治國經驗和各種專長。兩年內先後訪問了美、英、法等十二個國家。回國後編輯長達一百卷、共二千一百一十頁的《美歐回覽實記》，於一八七八年出版。

使節團雖然沒有達成修改不平等條約的目的，但卻有其他的豐富收穫，尤其是普魯士（Prussia）由小變大、由弱變強的經驗更有重要發表。「鐵血宰相」俾斯麥說：「方今世界各國，表面上是親睦禮儀的外交，實質上是強弱相欺」，「大國無不以其國力來實現其權力」，使日本認識到當時國際環境中，以實力求強權才是唯一出路，而逐步走向軍國主義的道路。

「挑戰傳統」與「權力結構」

「戊戌變法」的故事，正好跟明治維新成為對比。本書第一章指出：從漢代以後，中國逐漸變成「沒有兵的文化」。到了清代，從鴉片戰爭之後，能夠領兵作戰的「名臣」，由林則徐、曾國藩、左宗棠、李鴻章，都是經由科舉制度出身的文人，不是武將。到了戊戌變法時期，康有為據以作為改革之理論根據的《新學偽經考》、《孔子改制考》，都是在對傳統意識形態提出挑戰；廢止八股科舉和改革官制，更撼動了傳統中國社會的權力結構。

廢八股為變法第一大事。如果八股廢除，「勢必觸數百翰林，數千進士，數萬舉人，數十萬秀才，數百萬童生之忌」，等於斷送了他們和現職官吏子弟的前程，引起的反對亦最激烈。在興學堂一事上，守舊派雖不便逕行反對，但是此事連帶涉及改書院、廢淫祠，把持書院及依淫祠為生者，固然痛恨，迷信多神的男婦，亦為之嘩然。至於裁綠營，及命旗人自謀生計，勢必使身無一技之長的百餘萬人陷於絕境。

開制度局關係變法的根本，六、七月間，流言紛起，說是將盡廢軍機處、內閣、六部、翰林院、都察院、卿、寺、督、撫、藩、臬、司、道，引起內外震撼。光緒屢頒嚴旨，飭令於交議事件，迅速議覆；應辦諸事，限期執行，否則懲治不貸。但中央各衙門及疆吏對於新政上諭，則是敷衍搪塞，甚或不加理會。

康有為之弟康廣仁說他「規模太廣，志氣太銳，包攬太多，同志太孤，舉措太大，當此排者、忌者、擠者，盈衢塞巷，而上又無權，安能有成？」後來被殺的戊戌六君子中，楊銳和劉光第是張之洞推薦的，林旭是榮祿推薦的，只有「我自横刀向天笑」的譚嗣同才跟梁啟超有關，而他們的改革步調，又跟康有為不一致。康廣仁所謂「同志太孤」，可見一斑！

慈禧太后與袁世凱

本文的析論顯示：導致戊戌變法失敗的兩個當權人物是慈禧太后和袁世凱。從心理史學的角度來看，他們兩人都不是一開始便反對維新的「保守派」。相反的，在同治時期，她可以說是相當「新派」的政治人物。她「違背祖制」，垂簾聽政；並率先起用曾國藩、左宗棠、李鴻章等漢人督撫，掌握軍政大權；她支持「自強運動」，支持「辦洋務」、辦海軍，同意修築蘆漢鐵路，並親身體驗「火輪車」的神奇。在設立「京師同文館」這件事上，她擋住了保守派的反撲。

設立「同文館」的目的是儲備大量的外語翻譯人才。守舊派輿論大譁，他們推地位崇高的「帝師」大學士倭仁為首，堅決反對：「立國之道，尚禮義不尚權謀；根本之圖，在人心不在技藝」；他認為，如果新政真的需要人才，中國人之中「必有精其術者……何必夷人，何必師事夷人！」

慈禧聽到這種迂腐的論點，乾脆下旨：讓倭仁自己來主持同文館吧，並讓他負責找出精通西學的中國人才。無人可薦的倭仁這才無話可說，知難而退。

本文的析論指出：慈禧對於「百日維新」的過程不僅知情，而且始終是抱持「冷眼旁觀」的態度。當她發現：「維新」的進展已經威脅到她的權力時，她便決定出手干預。

同樣的，在這個事件中，唯一真正的「兵」袁世凱，在「帝黨」和「后黨」之間，也是依違兩可，希望能夠左右逢源。當他發現向「后黨」靠攏才能繼續維持甚至增大自己的權力時，他便毫不猶豫地這麼幹了。涉入其中大多數人的首要考量都是自己的權力與利益，而不是國家的目標，「百日維新」焉能不敗？

歷史與現場 277

中西文明的夾縫：改變台灣命運的起手式

作者　黃光國
編輯　葉惟禎
圖片提供　黃光國
行銷企劃　江季勳
美術編輯　趙小芳
封面設計　斐類設計

董事長　趙政岷
出版者　時報文化出版企業股份有限公司
10803 臺北市和平西路三段240號七樓
發行專線｜02-2306-6842
讀者服務專線｜0800-231-705｜02-2304-7103
讀者服務傳真｜02-2304-6858
郵撥｜19344724 時報文化出版公司
信箱｜10899臺北華江橋郵局第99信箱
時報悅讀網　http://www.readingtimes.com.tw
法律顧問　理律法律事務所｜陳長文律師、李念祖律師
印刷　盈昌印刷有限公司
初版一刷　2019年11月29日
定價　新台幣380元

時報文化出版公司成立於一九七五年，並於一九九九年股票上櫃公開發行，於二〇〇八年脫離中時集團非屬旺中，以「尊重智慧與創意的文化事業」為信念。

ISBN 978-957-13-8030-8｜Printed in Taiwan

中西文明的夾縫：改變台灣命運的起手式／黃光國著. – 初版. -- 臺北市：時報文化, 2019.11｜320面；14.8x21公分. --（歷史與現場；277）｜ISBN 978-957-13-8030-8（平裝）｜1.臺灣史 2.晚清史｜733.21｜108019092